필승합격 일본어능력시험
N4 단어장 1500

아크아카데미

주제별 단어 · 알기 쉬운 예문 · 온라인 모의시험

머리말

일본어를 학습하는 사람들의 동기와 목적은 취미, 자기 계발, 유학, 취업 등으로 다양합니다.

각자 다른 동기와 목적을 가지고 일본어를 배우고 있는 가운데 많은 분들이 시간과 노력을 들여 공부한 자신의 일본어 실력을 검증하기 위해 일본어능력시험 (JLPT) 에 응시하고 있습니다.

JLPT 는 '문자 / 어휘', '문법', '독해', '청해' 의 네 개 파트로 구성되어 있습니다. 그 중에서 '문자 / 어휘' 는 '단어' 라고 하며 일본어 학습의 가장 기본이 된다고 할 수 있습니다.

다른 파트들도 살펴보자면, '단어' 를 나열하여 문장을 만드는 방식이 '문법' 이며 '단어' 와 '문법' 으로 구성된 문장에 대해 이해하는 것이 '독해' 입니다. '청해' 는 이 '독해' 문장을 청각으로 듣고 이해하는 것이라 할 수 있습니다.

그렇다면 '단어' 는 일본어 학습에서 가장 선행되어야 할 중요한 요소라고 할 수 있습니다.

JLPT 의 '문자 / 어휘' 파트에 출제되는 문제 수를 각 레벨별로 분석해 보면 아래와 같습니다.

대문제	N1	N2	N3	N4	N5
한자읽기	6	5	8	9	12
표기	-	5	6	6	8
단어 형성	-	5	-	-	-
문맥 규정	7	7	11	10	10
유의 표현	6	5	5	5	5
용법	6	5	5	5	-
문제수 합계	25	32	35	35	35

'한자 읽기 및 표기', '문장 흐름에 맞는 어휘' 등을 고르는 문제가 출제되는 '문자 / 어휘' 문제를 한 번에 완벽하게 정리하려는 것은 욕심입니다. 여러 번 반복하여 암기하려는 마음가짐이 중요합니다.

한자는 음독, 훈독, 탁음, 장음 / 단음, 촉음에 주의하여 공부하고 소리 내어 읽어 보는 것이 중요합니다.

'문맥에 맞는 어휘를 고르는 문제'에는 특히 부사가 많이 출제되므로 효과적인 학습을 위해 평소에 단어 자체보다 문장 단위로 이해하려고 노력해야 합니다. 또한, '알맞은 용법을 고르는 문제'는 문장 전체를 익히면서 해당 문장 속에서 단어의 의미를 파악하도록 하는 것이 중요합니다.

여러분이 JLPT를 공부하는 방식은 각자 다를 것입니다. 학교에서의 수업도 교사마다 다르고 학원에서의 강의도 강사 마다 다를 수 있습니다.

그러나 각 레벨의 난이도에 해당하는 '문자 / 어휘'는 정해져 있으며 그것들을 학습 교재를 통해 단계적으로 익혀나가는 것이 일반적인 방식이지만, 우리는 여기에 그 하나의 효과적인 방식을 제시하는 의미에서 이 책을 발행하기로 하였습니다.

이 책의 가장 중요한 포인트는 주제별로 단어를 모아서 정리한 점입니다. 상황별로 그에 해당하는 관련 단어를 모아 한꺼번에 정리하는 방식이 학습자의 이해와 암기에 도움이 된다고 생각하였습니다.

다음으로 예문 선정에 심혈을 기울여 해당 표제 단어를 가장 잘 이해할 수 있도록 적합한 예문을 제시하였습니다. 그리고 그 예문을 음성으로 들음으로써 암기 효과를 높이고 한자의 발음도 익힐 수 있도록 음성파일을 제공하고 있습니다.

나아가 모의시험 문제를 레벨에 따라 140문제 ~252문제씩 온라인으로 제공하고 있습니다. 실시간으로 문제를 풀고 정답 확인이 가능합니다. 또한 모의시험 문제들은 PDF로 다운로드하여 풀어볼 수도 있습니다.

이 < 필승합격 단어장 시리즈 >는 N5에서 N1까지 모든 레벨에 대해 다섯 권의 단어장으로 발행하였습니다. JLPT에 도전하는 학습자 여러분이 단계별로 이 시리즈로 학습하여 단기간에 각 레벨에 필승합격하시기를 기원합니다.

2020년 11월
(주) 해외교육사업단

이 책의 사용법

▶ 주제별 단어 학습

일본어능력시험(JLPT)에서 다루는 수 많은 단어를 수준별, 주제별로 정리한 것이 <필승합격 단어장 시리즈>입니다. N1에서 N5까지 5권으로 편집하였습니다.

JLPT에 자주 출제되고 일상생활에도 도움이 되는 단어를 주제별로 정리하여 각 상황에 알맞은 이미지로 익힐 수 있도록 하였습니다. 학습 순서는 흥미가 있는 주제부터 시작하여도 좋습니다.

표제 단어와 예문에 한국어로 된 번역문이 있으므로 의미도 쉽게 파악할 수 있습니다. 표제 단어에 품사를 제시하고 동의어, 반의어, 관련어, 유의어도 제시하고 있습니다. 또한 칼럼에서 언급하는 단어도 학습에 유익할 것입니다.

▶ 모의시험으로 실력 확인

각 레벨의 책에는 JLPT의 어휘 문제에 대한 모의 문제가 웹사이트에 게재되어 있습니다. 온라인 방식으로 컴퓨터나 스마트폰에서 문제를 풀고 점수도 확인이 가능합니다. PDF 파일로도 제공되며 출력하여 사용할 수 있습니다. 각 장의 항목(주제)별로 문제가 제시되어 있으므로 해당 주제를 학습하고 바로 테스트를 해 볼 수 있습니다. 스스로 부족한 부분을 체크하여 반복학습으로 성적을 올리시기 바랍니다.

▶ 음성의 활용

모든 레벨의 단어장에는 표제 단어와 예문의 음성 파일이 이 책의 지정된 웹사이트에 게재되어 있습니다. PC나 스마트폰에서 다운로드하여 들을 수도 있습니다.

예문은 자연스럽고 듣기 편한 속도로 녹음되었습니다. 이로써 청해 파트에 도움이 될 뿐만 아니라 실제 단어 암기에 매우 큰 효과가 있을 것입니다.

▶ 암기용 셀로판지 활용

책에 들어 있는 암기용 셀로판지를 이용하여 표제 단어와 예문의 단어를 가리고 학습할 수 있습니다. 어떤 내용이 들어갈지 생각하면서 학습을 진행할 수 있습니다.

단어의 번호입니다.

이미 알고 있거나 암기하였으면 박스에 체크 표시를 합시다.

단어의 품사입니다.

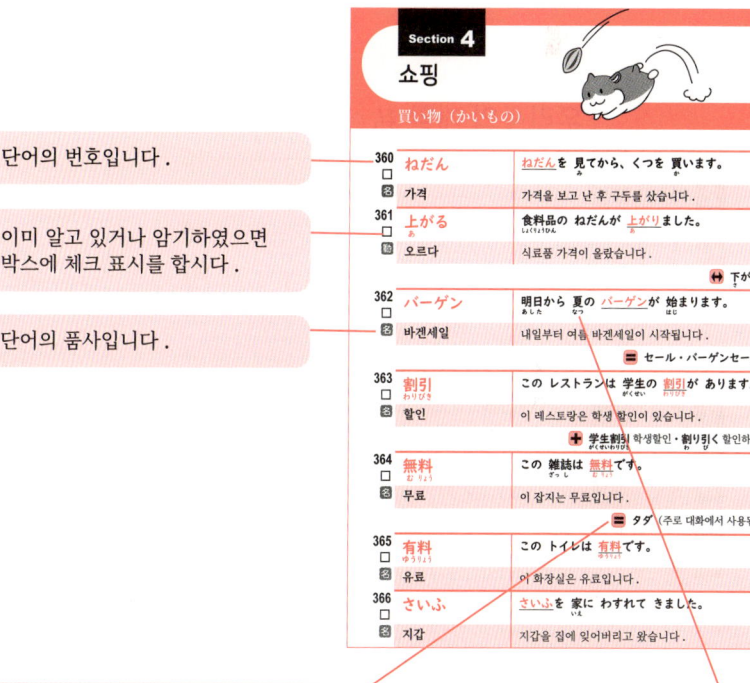

함께 외울 단어, 주의점과 설명 등입니다.

➕ : 관련 단어 · 유의어 등
🟰 : 동의어
↔ : 반의어
☞ : 주의 사항 및 설명

굵은 글씨는 자동사 · 타동사의 조사입니다.

▶ 이 책에서 사용하는 품사 일람

명 : 명사	부 : 부사
동 : 동사	접속 : 접속사
ナ형 : ナ형용사	
イ형 : イ형용사	
연체 : 연체사	

목차

Chapter 1 　우리들의 매일　私たちの毎日 ･････････ 9
1. 시간　時間 ･････ 10
2. 가족　家族 ･････ 15
3. 집　家 ･････ 18
4. 방　部屋 ･････ 21
5. 아침부터 밤까지　朝から 夜まで ･････ 25

Chapter 2 　공부와 일　勉強と 仕事 ･････ 29
1. 학교　学校 ･････ 30
2. 대학　大学 ･････ 35
3. 공부　勉強 ･････ 39
4. 일 / 업무①　仕事① ･････ 42
5. 일 / 업무②　仕事② ･････ 46

💬 커뮤니케이션에 사용할 수 있는 말 ❶ 인사　50

Chapter 3 　즐거운 일　楽しいこと ･････ 53
1. 여행　旅行 ･････ 54
2. 요리~먹다　料理~食べる ･････ 58
3. 요리~만들다　料理~作る ･････ 62
4. 쇼핑　買い物 ･････ 66
5. 장소　場所 ･････ 70

이것도 외우자! ❶ 동물·숫자를 세는 말·일본의「47 도도부현」과「대도시」74

Chapter 4 　외출하자!　出かけよう! ･････ 77
1. 날씨　天気 ･････ 78
2. 자연　自然 ･････ 80
3. 탈 것　乗り物 ･････ 83
4. 운전하다　運転する ･････ 86
5. 세계　世界 ･････ 89

이것도 외우자! ❷ 국가·지역　92

Chapter 5 사람과 사람과의 관계 人と人との関係 ····· 95

1. 커뮤니케이션 コミュニケーション ················ 96
2. 연인 恋人 ································ 100
3. 트러블 トラブル ························· 103
4. 취미 しゅみ ······························ 107
5. 스포츠 スポーツ ························· 110

이것도 외우자! ③ 스포츠 114

Chapter 6 건강과 상태 けんこうと ようす ············ 115

1. 몸·건강 体・けんこう ····················· 116
2. 병·부상 病気・けが ······················· 120
3. 패션 ファッション ························ 123
4. 상태① ようす① ··························· 126
5. 상태② ようす② ··························· 129

이것도 외우자! ④ 색·모습 133

Chapter 7 언제? 어디서? いつ? どこで? ············ 135

1. 뉴스 ニュース ··························· 136
2. 약속 約束 ······························· 139
3. 기분 気持ち ···························· 142
4. 부사도 외우자!① 副詞も おぼえよう！① ····· 146
5. 부사도 외우자!② 副詞も おぼえよう！② ····· 149
6. 접속사도 외우자! 接続詞も おぼえよう！ ····· 153

커뮤니케이션에 사용할 수 있는 말 ❷ 경어 155

50음 단어 색인 ······································· 160

㈜해외교육사업단 발행 도서

일본유학시험(EJU)
2019년 1회 기출문제
(매년 2회 시험분 발행)

일본유학시험(EJU)
대비 개념서 하이레벨
종합과목 개정 제2판

일본유학시험(EJU)
대비 개념서 하이레벨
이과 물리·화학·생물 개정판

일본유학시험(EJU)
대비 개념서 하이레벨
수학 코스1

일본유학시험(EJU)
모의시험 10회분
일본어 기술·독해

일본유학시험(EJU)
모의시험 10회분
일본어 청독해·청해

일본유학시험(EJU)
실전문제집(10회분)
일본어 기술·독해 vol.1

일본유학시험(EJU)
실전문제집(10회분)
일본어 청독해·청해 vol.1

일본유학정보도서
일본대학 학과도감

일본유학정보도서
일본 고등학교 유학가기

일본유학정보도서
일본 유학으로 성공하기

일본유학정보도서
일본 유학 수속 가이드

▶ 판매처 : 교보문고, 영풍문고, 예스24, 알라딘, 인터파크 (각 서점 및 사이트에서 구입 가능)

▶ 해외교육사업단 : 전화 02-552-1010/ 팩스 02-552-1062/ 이메일 hedc@hed.co.kr

발행도서 안내 : www.hedgroup.co.kr

N4
Chapter
1

우리들의 매일

私たちの 毎日
わたし　　まいにち

		단어 No.
1	시간 時間 じかん	1～34
2	가족 家族 かぞく	35～52
3	집 家 いえ	53～79
4	방 部屋 へや	80～110
5	아침부터 밤까지 朝から 夜まで あさ　　よる	111～144

Section 1

시간

時間（じかん）

1 부	**たった今**(いま) (지금 / 방금) 막	電車は たった今 出た ところです。 전철은 방금 막 떠났습니다.
2 부	**今にも**(いま) 언제라도 / 금방이라도	空が 暗くなって、今にも 雨が 降りそうです。 하늘이 어두워지고 금방이라도 비가 내릴 것 같습니다.
3 부	**もうすぐ** 이제 곧	今 11時半。もうすぐ ランチの 時間です。 지금 11시 반. 이제 곧 점심 시간입니다.
4 부	**さっき** 아까 / 조금 전에	A「山下さんは？」 B「山下さんなら、さっき 帰りましたよ。」 A " 야마시타씨는?" B " 야마시타씨라면 아까 돌아갔어요."
5 명	**このごろ** 요즘	このごろ、寒い日が 多いですね。 요즘 추운 날이 많네요.

👉 행동이 아닌 상황을 묘사하는데 사용된다.

6 명	**最近**(さいきん) 최근 / 요즘	最近、スペイン語を 勉強して います。 요즘 스페인어를 공부하고 있습니다.

👉 행동과 상황을 묘사하는데 모두 사용된다.

7 명	**この間**(あいだ) 얼마 전 / 일전	A「田中さんは 元気ですか。」 B「ええ。この間 会いましたよ。」 A " 다나카씨는 건강합니까?" B " 네. 얼마 전에 만났어요."

Chapter 1

8	今度 (こんど)	①今度の テストは とても むずかしかった。 ②A「今度、お酒を 飲みに 行きましょう。」 　B「ええ、ぜひ。」
명	이번 / 다음 번	① 이번 시험은 매우 어려웠다. ② A "다음에 술 마시러 가요." 　B "네, 꼭이요."

👉 ①이번 또는 지금 ② 다음 또는 다음 번을 의미한다.

9	いつでも	A「食事するなら、いつが いいですか。」 B「私は いつでも いいですよ。」
부	언제든지	A "식사하려면 언제가 좋습니까?" B "저는 언제든지 좋아요."

10	いつか	いつか 家族で 世界旅行を したいです。
부	언젠가	언젠가 가족끼리 세계여행을 하고 싶습니다.

11	しょうらい	しょうらい、医者に なりたいと 思って います。
명	장래 / 미래	장래에 의사가 되고 싶다고 생각하고 있습니다.

➕ 未来(みらい) 미래

👉 しょうらい 는 개인의 미래에 대해 이야기할 때 사용되고,
未来 는 국가나 지구와 같이 더 넓은 범위의 미래에 대해 이야기할 때 사용된다.

12	むかし	むかし、ここは 海でした。
명	옛날 / 예전	옛날에 여기는 바다였습니다.

➕ むかし話(ばなし) 옛날 이야기

13	ある日 (ひ)	ある日、家の 前に 黒猫が いました。
명	어느 날	어느 날 집 앞에 검은 고양이가 있었습니다.

➕ あるとき 어떤 때 • ある人(ひと) 어떤 사람 • ある町(まち) 어떤 도시 • ある国(くに) 어떤 나라

👉 과거의 불특정한 날을 묘사할 때 사용된다. 또한 제한되지 않은 시점을 표현할 때도 사용된다.

Section 1

14	**昼間** ひるま	このあたりは <u>昼間</u>は 人が 多いですが、 夜は しずかです。
명	주간 / 낮	이 근처는 낮에는 사람이 많습니다만 밤에는 조용합니다.

15	**夕方** ゆうがた	<u>夕方</u>から 強い 雨が 降るそうです。
명	저녁(때) / 해질녘	저녁부터 강한 비가 내린다고 합니다.

16	**夜中** よなか	毎日、<u>夜中</u>まで 勉強して います。
명	밤중 / 늦은 밤	매일 늦은 밤까지 공부하고 있습니다.

➕ **真夜中** 한밤중

17	**明日** あす	<u>明日</u>の 午後までに メールを 送って ください。
명	내일	내일 오후까지 메일을 보내주십시오.

= **明日**
あした

👉 비즈니스 상황에서는 あす라고 읽고 일반적인 대화에서는 あした라고 읽는다.

18	**おととい**	かぜを ひいて、<u>おととい</u>から 熱が あります。
명	그저께	감기에 걸려서 그저께부터 열이 있습니다.

19	**ゆうべ**	<u>ゆうべ</u>、うちで パーティーを しました。
명	어젯밤 / 어제 저녁	어젯밤에 집에서 파티를 했습니다.

= **きのうの 晩・きのうの 夜**

20	**今夜** こんや	<u>今夜</u>は とても 寒いです。
명	오늘밤	오늘밤은 매우 춥습니다.

= **今晩**
こんばん

21	**今週** こんしゅう	<u>今週</u>は、あまり いそがしくないです。
명	이번 주	이번 주는 그다지 바쁘지 않습니다.

Chapter 1

1〜144

22	今月 (こんげつ)	今月、大切な テストが 3つも あります。
명	이번 달	이번 달에 중요한 시험이 3 개나 있습니다.

23	再来週 (さらいしゅう)	来週は いそがしいので、再来週 会いましょう。
명	다다음 주	다음 주는 바쁘니까 다다음 주에 만납시다.

24	再来月 (さらいげつ)	再来月から 1年間 ニューヨークへ 行きます。
명	다다음 달	다다음 달부터 1 년간 뉴욕에 갑니다.

25	再来年 (さらいねん)	再来年、この国で オリンピックが あります。
명	다다음 해 / 내후년	내후년에 이 나라에서 올림픽이 있습니다.

26	おととし	日本へ 来たのは おととしの 4月です。
명	재작년	일본에 온 것은 재작년 4 월입니다.

27	毎週 (まいしゅう)	毎週 土曜日は 友だちと テニスを して います。
명	매주	매주 토요일은 친구와 테니스를 하고 있습니다.

28	毎月 (まいつき)	毎月 二十日に アルバイト代が もらえます。
명	매월 / 매달 / 달마다	매월 20 일에 아르바이트비를 받을 수 있습니다.

29	毎年 (まいとし)	毎年、クリスマスに 国へ 帰ります。
명	매년 / 해마다	매년 크리스마스에 고국으로 돌아갑니다.

30	平日 (へいじつ)	平日は 仕事が とても いそがしいです。
명	평일	평일은 일이 매우 바쁩니다.

➕ 週末 (しゅうまつ) 주말

31	最初 (さいしょ)	最初に「あいうえお」を おぼえました。
명	최초 / 처음	처음에 'あいうえお'를 외웠습니다.

Section 1

32	**最中** さいちゅう	テストの <u>最中</u>に 教室を 出ては いけません。
명	한창 / 한중간 / 도중	시험 도중에 교실을 나가면 안됩니다.
33	**最後** さいご	この バスは <u>最後</u>に 東京駅に 着きます。
명	최후 / 마지막 / 끝	이 버스는 마지막으로 도쿄역에 도착합니다.
34	**先に** さき	A「お昼ごはんに 行きましょう。」 B「私は まだ 仕事が あるので、 　<u>先に</u> 行って ください。」
부	먼저 / 앞서	A" 점심식사하러 갑시다." B" 저는 아직 일이 있으니까 먼저 가십시오."

Section 2

가족

家族（かぞく）

35	**夫**（おっと）	<u>夫</u>は 毎日 おそくまで 仕事を して います。
명	남편	남편은 매일 늦게까지 일을 하고 있습니다.

➕ **主人**（しゅじん） 남편

👉 다른 사람의 남편은 **ご主人**이라고 부른다.

36	**妻**（つま）	<u>妻</u>は カレーが 大好きです。
명	아내 / 처	아내는 카레를 아주 좋아합니다.

➕ **家内**（かない） 아내

👉 다른 사람의 부인은 **おくさん**이라고 부른다.

37	**両親**（りょうしん）	<u>両親</u>は イギリスに 住んで います。
명	부모님	부모님은 영국에 살고 있습니다.

38	**むすこ**	<u>むすこ</u>は 小学校から サッカーを やって います。
명	아들	아들은 초등학교부터 축구를 하고 있습니다.

👉 다른 사람의 아들은 **むすこさん**이라고 부른다.

39	**むすめ**	<u>むすめ</u>は 勉強より スポーツのほうが 好きです。
명	딸	딸은 공부보다 스포츠쪽을 좋아합니다.

👉 다른 사람의 딸은 **むすめさん** 또는 **おじょうさん**이라고 부른다.

40	**お子さん**（こ）	先生の <u>お子さん</u>は 今 中学生ですか。
명	자녀 / 아이	선생님의 자녀는 지금 중학생입니까?

Section 2

41 祖父(そふ)
명 할아버지 / 조부

祖父は 小学校の 先生でした。
할아버지는 초등학교 선생님이었습니다.

➕ **おじいさん** 할아버지

👉 おじいさん 은 가족 이외의 나이 든 남성을 뜻하는 말로 사용되기도 한다.

42 祖母(そぼ)
명 할머니 / 조모

私は 祖母が 大好きです。
저는 할머니를 아주 좋아합니다.

➕ **おばあさん** 할머니

👉 おばあさん 은 가족 이외의 나이든 여성을 뜻하는 말로 사용되기도 한다.

43 まご
명 손자 / 손주

祖父と 祖母には まごが 8人 います。
할아버지와 할머니에게는 손주가 8명 있습니다.

👉 다른 사람의 손주는 おまごさん이라고 부른다.

44 おじ
명 삼촌

この おじは 母の 弟です。
이 삼촌은 어머니의 남동생입니다.

➕ **おじさん** 삼촌 / 아저씨

👉 おじさん 은 가족 이외의 중년 남성을 뜻하는 말로 사용되기도 한다.

45 おば
명 이모 / 고모

おばは とても 料理が 上手です。
이모 / 고모는 매우 요리를 잘합니다.

➕ **おばさん** 이모 / 고모 / 아주머니

👉 おばさん 은 가족 이외의 중년 여성을 뜻하는 말로 사용되기도 한다.

46 親(しん)せき
명 친척

姉の 結婚式に 親せきが たくさん 来ます。
누나 / 언니의 결혼식에 친척이 많이 옵니다.

47 ペット
명 펫 / 반려동물

この アパートで ペットは 飼えません。
이 아파트에서 반려동물은 기를 수 없습니다.

➕ **ペットショップ** 반려동물 숍

48 ☐	**似る** _に	私は 母に、姉は 父に <u>似て</u> います。 _{わたし はは あね ちち に}
동	닮다 / 비슷하다	저는 어머니를 누나/언니는 아버지를 닮았습니다.

👉 실제 문장에서는 대부분 **似ている**의 형태로 사용된다.

49 ☐	**(心配を)かける** _{しんぱい}	両親に 心配を <u>かけては</u> いけません。 _{りょうしん しんぱい}
동	(걱정을) 끼치다	부모님께 걱정을 끼쳐서는 안됩니다.
50 ☐	**しかる**	子どもの とき、母に よく <u>しかられ</u>ました。 _{こ はは}
동	꾸짖다 / 야단치다	어릴 때 어머니에게 자주 야단을 맞았습니다.
51 ☐	**ほめる**	テストで 100点を とって、父に <u>ほめられ</u>ました。 _{ひゃくてん ちち}
동	칭찬하다	시험에서 100점을 받아서 아버지에게 칭찬받았습니다.
52 ☐	**飼う** _か	うさぎを <u>飼って</u> みたいです。 _か
동	기르다 / 사육하다 / 키우다	토끼를 키워보고 싶습니다.

Section 3

집

家（いえ）

53	**アパート**	今の アパートは 前の ところより 広いです。
명	아파트	이번 아파트는 저번보다 넓습니다.
54	**マンション**	うちの マンションは 駅から 歩いて 3分です。
명	맨션	우리 맨션은 역에서 걸어서 3분입니다.
55	**家賃** やちん	来月から 家賃が 少し 高くなります。
명	집세 / 월세	다음 달부터 집세가 조금 오릅니다.
56	**管理人** かんりにん	マンションには いつも 管理人さんが います。
명	관리인	맨션에는 항상 관리인이 있습니다.
57	**住所** じゅうしょ	田中さんの 住所を 知って いますか。
명	주소	다나카씨의 주소를 알고 있습니까?
58	**建てる** た	しょうらい、大きい 家を 建てたいです。
동	짓다 / 올리다	장래에 큰 집을 짓고 싶습니다.
59	**建つ** た	となりに 大きい ビルが 建ちました。
동	세워지다	옆에 큰 빌딩이 세워졌습니다.
60	**立てる** た	ドアの ところに かさを 立てて おきます。
동	세우다	문 옆에 우산을 세워 둡니다.
61	**立つ** た	家の 前に 大きい 木が 立って います。
동	서다	집 앞에 큰 나무가 서 있습니다.

Chapter 1

62	ひっこし〈する〉	明日は ひっこしです。
명	이사 < 하다 >	내일은 이사입니다.

➕ **ひっこす** 이사하다

63	うつす	となりの 部屋に テーブルを うつしました。
동	옮기다 / 자리를 바꾸다	옆 방으로 테이블을 옮겼습니다.

64	うつる	駅前の ビルに 郵便局が うつります。
동	옮기다 / 이동하다	역 앞 빌딩으로 우체국이 이전합니다.

65	自宅 じたく	これは 私の 自宅の 電話番号です。
명	자택	이것은 저의 자택 전화번호입니다.

66	お宅 たく	先生の お宅は どちらですか。
명	댁	선생님 댁은 어디입니까?

67	訪問〈する〉 ほうもん	明日、友だちの 家を 訪問します。
명	방문 < 하다 >	내일 친구 집을 방문합니다.

68	招待〈する〉 しょうたい	今度の 週末、友だちを 家に 招待します。
명	초대 < 하다 >	이번 주말에 친구를 집으로 초대했습니다.

➕ **招待状** 초대장

69	近所 きんじょ	近所に 有名人が 住んで います。
명	근처 / 근방	근처에 유명인이 살고 있습니다.

70	周り まわ	家の 周りに さくらの 木が あります。
명	주변	집 주변에 벚나무가 있습니다.

Section 3

71	げんかん	げんかんに くつが たくさん あります。
명	현관	현관에 신발이 많이 있습니다.

72	入り口（入口） いぐち　いりぐち	入り口で 部屋の 番号を 押して ください。
명	입구	입구에서 방 번호를 눌러 주십시오.

↔ 出口（でぐち）

73	（かぎを）かける	出かける ときは かぎを かけて ください。
동	（열쇠를）잠그다	외출할 때는 열쇠를 잠가 주십시오.

74	（かぎが）かかる	げんかんの ドアは かぎが かかって います。
동	（열쇠가）잠기다	현관 문은 열쇠가 잠겨있습니다.

75	かべ	部屋の かべを 明るく したいです。
명	벽	방 벽을 밝게 하고 싶습니다.

76	ろう下	この ろう下の 右に トイレが あります。
명	복도	이 복도의 오른쪽에 화장실이 있습니다.

77	台所 だいどころ	うちの 台所は 使いやすいです。
명	주방	우리 집 주방은 사용하기 편리합니다.

＝ キッチン

👉 1 K のアパート 의 K 는 주방을 의미한다.

78	水道 すいどう	水道の 水を 飲んでも だいじょうぶです。
명	수도	수돗물을 마셔도 괜찮습니다.

79	ガス	地震で ガスが 止まって しまいました。
명	가스	지진으로 가스가 정지되어 버렸습니다.

Section 4
방
部屋（へや）

80	和室（わしつ）	私は 和室が 好きです。
명	일본식 방	저는 일본식 방을 좋아합니다.

⇔ 洋室（ようしつ）

➕ 和服 일본식 옷・和風 일본풍/일본식
　　わふく　　　　　　わふう

👉 和는 일본식을 의미한다.

81	たたみ	たたみの 部屋が ある アパートに 住みたいです。
명	다다미	다다미 방이 있는 아파트에 살고 싶습니다.

82	押し入れ（おしいれ）	部屋に 押し入れが あると、便利です。
명	옷장	방에 옷장이 있으면 편리합니다.

83	ふとん	私は ベッドより ふとんの ほうが 好きです。
명	이불	저는 침대보다 이불 쪽을 좋아합니다.

84	ガラス	窓ガラスを きれいに しましょう。
명	유리	창문 유리를 깨끗하게 합시다.

85	カーテン	明るい 色の カーテンを 買います。
명	커튼	밝은 색 커튼을 삽니다.

86	すみ	部屋の すみに つくえを 置いて います。
명	구석 / 모퉁이	방 구석에 책상을 놓고 있습니다.

87	家具（かぐ）	私は 木の 家具が 好きです。
명	가구	저는 나무 가구를 좋아합니다.

Section 4

88 たな
명 선반

たなには DVDが 置いて あります。
선반에는 DVD가 놓여 있습니다.

➕ **本だな** 책장

89 組み立てる
동 조립하다

この ベッドは 自分で 組み立てて ください。
이 침대는 스스로 조립해 주십시오.

➕ **組み立て式** 조립식

90 引き出し
명 서랍

パスポートは つくえの 引き出しの 中に あります。
여권은 책상 서랍 안에 있습니다.

91 片づける
동 정리하다

友だちが 来るので、部屋を 片づけました。
친구가 오기 때문에 방을 정리했습니다.

92 片づく
동 정돈되다

いつも 部屋が 片づいて います。
항상 방이 정돈되어 있습니다.

➕ **片づけ** 정리 / 청소・**あと片づけ** 뒤처리

93 整理〈する〉
명 정리〈하다〉

つくえの 上を きれいに 整理して ください。
책상 위를 깨끗하게 정리해 주십시오.

➕ **整理せいとん** 정리정돈

94 動かす
동 움직이게 하다 / 위치를 바꾸다

みんなで 大きい テーブルを 動かします。
다같이 큰 테이블 위치를 바꿉니다.

95 動く
동 움직이다

エレベーターが 動いて います。
엘리베이터가 움직이고 있습니다.

Chapter 1

1~144

96	花びん(か)	家には 小さい 花びんしか ありません。
명	화병 / 꽃병	집에는 작은 꽃병밖에 없습니다.
97	カレンダー	かわいい 猫の カレンダーを 買いました。
명	달력 / 캘린더	귀여운 고양이 달력을 샀습니다.
98	ポスター	犬の ポスターが ほしいです。
명	포스터	강아지 포스터를 갖고 싶습니다.
99	かざる	げんかんに 花を かざりたいです。
동	장식하다 / 꾸미다	현관에 꽃을 장식하고 싶습니다.
100	はる	れいぞう庫に メモを はって います。
동	붙이다	냉장고에 메모를 붙이고 있습니다.
101	(絵を) かける	げんかんに きれいな 絵を かけました。
동	(그림을) 걸다	현관에 예쁜 그림을 걸었습니다.
102	(カレンダーが) かかる	きれいな カレンダーが かかって いますね。
동	(달력이) 걸리다	예쁜 달력이 걸려있네요.
103	(いすに) かける	この いすに かけても いいですか。
동	(의자에) 앉다	이 의자에 앉아도 좋습니까?

➕ 座る(すわ) 앉다

👉 座る 가 의자, 잔디 또는 바닥에 앉을 때 사용되는 반면, かける 는 의자에 앉을 때에만 사용된다.

104	暖房(だんぼう)	今日は 寒いので、暖房を つけましょう。
명	난방	오늘은 추우니까 난방을 켭시다.

Section 4

↔ 冷房(れいぼう) ✚ エアコン 에어컨

105	上げる(あ)	ちょっと エアコンの 温度(おんど)を 上(あ)げて ください。
동	올리다	조금 에어컨 온도를 올려 주십시오.

↔ 下(さ)げる

106	電源(でんげん)	この 部屋(へや)は 電源(でんげん)が 少(すく)なくて、不便(ふべん)です。
명	전원	이 방은 전원이 적어서 불편합니다.

107	(電気を)つける(でんき)	部屋(へや)が 暗(くら)いので、電気(でんき)を つけましょう。
동	(전기를) 켜다	방이 어두우니까 전기를 켭시다.

108	(テレビが)つく	ここを 押(お)すと、テレビが つきます。
동	(TV를) 켜다	여기를 누르면 TV가 켜집니다.

109	消す(け)	教室(きょうしつ)を 出(で)るときは 電気(でんき)を 消(け)して ください。
동	끄다	교실을 나갈 때는 전기를 꺼 주십시오.

110	消える(き)	電気(でんき)が 消(き)えて いるので、田中(たなか)さんは 部屋(へや)に いないでしょう。
동	꺼지다	전기가 꺼져 있으니까 다나카상은 방에 없을 것입니다.

Section 5

아침부터 밤까지

朝から 夜まで（あさから よるまで）

111	起きる お	休みの 日は お昼ごろ 起きます。
동	일어나다 / 잠에서 깨다	쉬는 날에는 점심때쯤 일어납니다.

112	起こす お	毎朝、母が 私を 起こしてくれます。
동	일으키다 / 깨우다	매일 아침 어머니가 저를 깨워줍니다.

113	早起き〈する〉 はや お	毎日、早起きして います。
명	일찍 일어남 < 하다 >	매일 일찍 일어나고 있습니다.

114	ねぼう〈する〉	お酒を 飲みすぎて、ねぼうしました。
명	늦잠 < 자다 >	술을 너무 많이 마셔서 늦잠을 잤습니다.

= 朝ねぼう〈する〉

115	みがく	1日 3回、歯を みがきましょう。
동	닦다 / 문지르다	1일 3회, 이를 닦읍시다.

➕ 歯みがき〈する〉 양치 / 칫솔질 < 하다 >

116	ケータイ	朝、ケータイを バッグに 入れます。
명	휴대전화	아침에 휴대전화를 가방에 넣습니다.

= 携帯電話 ➕ スマホ（スマートフォン）스마트폰

117	鳴る な	ケータイが 大きな 音で 鳴って います。
동	울리다 / 소리가 나다	휴대전화가 큰 소리로 울리고 있습니다.

👍 鳴く 는 동물에 사용된다.

Section 5

118 ごみ | ごみは ごみ箱に 入れましょう。
명 쓰레기 | 쓰레기는 쓰레기통에 넣읍시다.

➕ ごみ箱 쓰레기통・生ごみ 음식물 쓰레기

119 びん | この びんに 何が 入って いますか。
명 병 | 이 병에 무엇이 들어 있습니까?

120 カン | カンは 月曜日に 出して ください。
명 캔 | 캔은 월요일에 내놓아 주십시오.

121 ペットボトル | いつも お茶の ペットボトルを 持って います。
명 페트병 | 항상 차 페트병을 들고 있습니다.

122 リサイクル | コートを リサイクルに 出しました。
명 리사이클/재활용 | 코트를 재활용에 내놓았습니다.

➕ リサイクルショップ 리사이클 숍/재활용품점

123 出す | けさ、ごみを 出すのを わすれました。
동 내놓다/버리다 | 오늘 아침에 쓰레기 버리는 것을 잊어버렸습니다.

124 出る | 10時に バスが 出ます。
동 출발하다 | 10시에 버스가 출발합니다.

125 もえる | 火曜日と 金曜日は もえる ごみの 日です。
동 타다 | 화요일과 금요일은 타는 쓰레기 날입니다.

➕ もえないごみ 안타는 쓰레기

126 せっけん | せっけんで 手を 洗いましょう。
명 비누 | 비누로 손을 씻읍시다.

Chapter 1   1~144

127	シャンプー〈する〉	この シャンプーは とても 安いです。
명	샴푸 < 하다 >	이 샴푸는 매우 쌉니다.

➕ リンス 린스・コンディショナー 컨디셔너

128	せんたく機	うちの せんたく機は 音が うるさいです。
명	세탁기	우리 집 세탁기는 소리가 시끄럽습니다.

➕ コピー機 복사기

129	せんたく物	せんたく物を 片づけてから 出かけます。
명	세탁물	세탁물을 정리하고 나서 외출합니다.

130	クリーニング	スーツを クリーニングに 出します。
명	드라이크리닝	수트를 드라이크리닝에 맡깁니다.

131	タオル	トイレで ピンクの タオルを 使っています。
명	타월	화장실에서 분홍색 타월을 사용하고 있습니다.

➕ バスタオル 배스 타월 / 목욕 수건・スポーツタオル 스포츠 타월

132	かわかす	げんかんで かさを かわかして います。
동	말리다	현관에서 우산을 말리고 있습니다.

133	(タオルが)かわく	天気が いいので、もう タオルが かわきました。
동	(타월이) 마르다	날씨가 좋아서 벌써 타월이 말랐습니다.

134	えさ	毎日、弟が 犬に えさを やって います。
명	먹이 / 사료	매일 남동생이 강아지에게 사료를 주고 있습니다.

135	世話〈する〉	犬を 世話するのは とても 楽しいです。
명	돌봄 < 하다 >	강아지를 돌보는 일은 매우 즐겁습니다.

➕ 世話になる 신세지다

Section 5

136 るす
명 외출하고 집에 없음 / 부재

平日の 昼間は <u>るす</u>が 多いです。
평일 낮에는 부재가 많습니다.

137 宅配便 (たくはいびん)
명 택배

るすの 間に <u>宅配便</u>が 来たようです。
부재중에 택배가 온 것 같습니다.

138 とどく
동 닿다 / 미치다 / 도착하다

国から 手紙が <u>とどき</u>ました。
고국에서 편지가 도착했습니다.

139 とどける
動 보내다

荷物を <u>とどけて</u> もらいました。
짐을 보내도록 부탁했습니다.

140 日記 (にっき)
명 일기

小学生の ときから <u>日記</u>を つけて います。
초등학생 때부터 일기를 쓰고 있습니다.

👉 "일기를 쓰다"라는 표현으로 日記をつける 가 日記を書く 보다 더 자주 쓰인다.

141 ねむる
동 자다 / 잠자다

たくさん 運動すると、よく <u>ねむれ</u>ます。
많이 운동하면 잘 잘 수 있습니다.

142 生活〈する〉(せいかつ)
명 생활 < 하다 >

日本の <u>生活</u>は たいへんですが、
とても 楽しいです。
일본 생활은 힘듭니다만 매우 즐겁습니다.

143 暮らす (くらす)
동 살다

ずっと 日本で <u>暮らし</u>たいと 思って います。
계속 일본에서 살고 싶다고 생각하고 있습니다.

➕ 暮らし 살림 / 생계 / 생활

144 習慣 (しゅうかん)
명 습관

毎朝、りんごジュースを 飲むのが <u>習慣</u>です。
매일 아침 사과주스를 마시는 것이 습관입니다.

➕ 生活習慣 (せいかつしゅうかん) 생활습관

N4 Chapter 2

공부와 일

勉強と仕事
べんきょう しごと

단어 No.

1	학교 学校 がっこう	145 ~ 183
2	대학 大学 だいがく	184 ~ 207
3	공부 勉強 べんきょう	208 ~ 227
4	일 / 업무① 仕事① しごと	228 ~ 252
5	일 / 업무② 仕事② しごと	253 ~ 277

Section 1

학교

学校（がっこう）

145 **小学校** (しょうがっこう)
명 초등학교

日本の 小学校は 1年生から 6年生までです。

일본의 초등학교는 1학년부터 6학년까지 입니다.

➕ **小学生** (しょうがくせい) 초등학생

146 **中学校** (ちゅうがっこう)
명 중학교

山下さんは 中学校で フランス語を 勉強しました。

야마시타씨는 중학교에서 프랑스어를 공부했습니다.

➕ **中学生** (ちゅうがくせい) 중학생

147 **高校** (こうこう)
명 고등학교

今でも 高校の 友だちと 会います。

지금도 고등학교 친구들과 만납니다.

➕ **高校生** (こうこうせい) 고등학생

148 **ようち園** (えん)
명 유치원

ようち園から 子どもたちの 声が 聞こえます。

유치원에서 아이들의 목소리가 들립니다.

➕ **保育園** (ほいくえん) 보육원

149 **専門学校** (せんもんがっこう)
명 전문학교

音楽の 専門学校に 入学します。

음악 전문학교에 입학합니다.

150 **入学〈する〉** (にゅうがく)
명 입학 < 하다 >

妹が 中学校に 入学します。

여동생이 중학교에 입학합니다.

➕ **(学校に)入る** (がっこうに はいる) (학교에) 들어가다 · **入学式** (にゅうがくしき) 입학식 · **新入生** (しんにゅうせい) 신입생

Chapter 2

151 卒業 〈する〉 (そつぎょう)
명 졸업 < 하다 >

父は ３０年前、この高校を 卒業しました。
아버지는 30년 전에 이 고등학교를 졸업했습니다.

➕ (学校を)出る (학교를) 졸업하다 • 卒業式 졸업식 • 卒業生 졸업생

152 教育 〈する〉 (きょういく)
명 교육 < 하다 >

子どもの 教育は とても 大切です。
자녀의 교육은 매우 중요합니다.

➕ 教育学部 교육학부

153 生徒 (せいと)
명 학생

この 学校の 生徒は 何人ですか。
이 학교의 학생은 몇 명입니까?

154 授業 (じゅぎょう)
명 수업

今日は ４時まで 授業が あります。
오늘은 4시까지 수업이 있습니다.

155 始まる (はじ)
동 시작되다

４月に 学校が 始まります。
4월에 학교가 시작됩니다.

156 始める (はじ)
동 시작하다

今日の 勉強を 始めましょう。
오늘 공부를 시작합시다.

157 質問 〈する〉 (しつもん)
명 질문 < 하다 >

質問を よく 読んで ください。
질문을 잘 읽어주십시오.

158 答える (こた)
동 대답하다

先生の 質問に 答えます。
선생님의 질문에 대답합니다.

➕ 答え 답 / 응답 • 解答 해답

👉 答え 는 응답을 뜻하는 말로도 사용할 수 있지만, 解答은 답이나 질문이나 문제를 해결하는 것을 의미할 때만 사용할 수 있다.

159 数学 (すうがく)
명 수학

英語は 好きですが、数学は きらいです。
영어는 좋아하지만 수학은 싫어합니다.

Section 1

160 歴史（れきし）
명 역사
世界の 歴史を もっと 勉強したいです。
세계의 역사를 더 공부하고 싶습니다.
➕ 日本史 일본사・世界史（せかいし） 세계사

161 地理（ちり）
명 지리
子どもの ころから 地理が 大好きでした。
어릴 때부터 지리를 매우 좋아했습니다.
➕ 世界地図（せかいちず） 세계지도

162 テキスト
명 교과서
この テキストは 明日 使います。
이 교과서는 내일 사용합니다.
＝ 教科書（きょうかしょ）

163 開く（ひら）
동 열다 / 펴다
教科書の 60ページを 開いて ください。
교과서 60페이지를 펼쳐주십시오.
↔ 閉じる（と）

164 プリント
명 프린트물 / 인쇄물
これは 今日の 授業の プリントです。
이것은 오늘 수업의 프린트입니다

165 おもて
명 앞 / 겉(면)
プリントの おもてを 見て ください。
프린트 앞면을 보십시오.
↔ うら

166 テスト
명 테스트 / 시험
今日の テストは とても むずかしかったです。
오늘 시험은 매우 어려웠습니다.
➕ 試験（しけん） 시험・入学試験（にゅうがくしけん） 입학시험・大学入試（だいがくにゅうし） 대학입시

167 通う（かよ）
동 다니다
毎日、バスで 学校に 通って います。
매일 버스로 학교에 다니고 있습니다.

Chapter 2

168	せいせき	<u>せいせき</u>が 悪くて、母に しかられました。
명	성적	성적이 나빠서 어머니에게 꾸중을 들었습니다.

169	点(てん)	きのうの テストの <u>点</u>は よくなかったです。
명	점 / 점수	어제 시험 점수는 좋지 않았습니다.

➕ 満点 만점・点数 점수

170	まる	テストで <u>まる</u>を たくさん もらいました。
명	동그라미 / 원 / 정답 표시	시험에서 정답 표시를 많이 받았습니다.

↔ ばつ

171	作文(さくぶん)	自分の 国について <u>作文</u>を 書きましょう。
명	작문	자신의 나라에 대해 작문을 씁시다.

➕ 文 글 / 문장

172	(勉強が)できる	弟は 勉強が よく <u>でき</u>ます。
동	(공부가) 되다	남동생은 공부를 잘 합니다.

173	易(やさ)しい	きのうの テストは とても <u>易</u>しかったです。
イ형	쉽다	어제 시험은 매우 쉬웠습니다.

174	かんたんな	この テストは とても <u>かんたん</u>です。
ナ형	간단한	이 시험은 매우 간단합니다.

175	まちがえる	やさしい 問題を <u>まちがえて</u> しまいました。
동	틀리다 / 실수하다	쉬운 문제를 틀려버렸습니다.

➕ (~を)まちがう 잘못되다 / 틀리다・まちがい 실수

Section 1

176	チェック〈する〉	作文を 日本人の 友だちに チェックして もらいました。
名	체크 < 하다 >	작문을 일본인 친구에게 체크 받았습니다.
177	熱心な (ねっしん)	田中先生は とても 熱心です。
ナ形	열심인	다나카 선생님은 매우 열심입니다.
178	やさしい	山田先生は とても やさしいです。
イ形	다정하다 / 상냥하다	야마다 선생님은 매우 자상하십니다.
179	きびしい	木村先生は ときどき きびしいです。
イ形	엄하다	기무라 선생님은 때때로 엄합니다.
180	まじめな	彼は とても まじめな 学生です。
ナ形	성실한	그는 매우 성실한 학생입니다.
181	えらい	A 国の えらい 人が 日本へ 来ます。
イ形	훌륭한 / 대단한	A 국의 대단한 사람이 일본에 옵니다.
182	せつび	この 学校の せつびは 新しいです。
名	설비	이 학교의 설비는 새것입니다.
183	ベル	12時半に ベルが 鳴ります。
名	벨 / 종	12 시 반에 벨이 울립니다.

Section 2

대학

大学（だいがく）

145~277

184	**大学生**(だいがくせい) 명 대학생	早く 大学生に なりたいです。 빨리 대학생이 되고 싶습니다.

➕ **女子大生**(じょしだいせい) 여대생 · **大学院生**(だいがくいんせい) 대학원생

185	**受ける**(うける) 동 받다 / 지원하다	日本の 大学を 受けたいです。 일본 대학을 지원하고 싶습니다.

186	**受かる**(うかる) 동 받게 되다 / 합격하다	行きたかった 大学に 受かりました。 가고 싶은 대학에 합격했습니다.

🟰 **合格する**(ごうかく)

187	**留学〈する〉**(りゅうがく) 명 유학 〈하다〉	デザインの 勉強のために 留学しました。 디자인 공부를 위해 유학했습니다.

➕ **留学生**(りゅうがくせい) 유학생

188	**目的**(もくてき) 명 목적	留学する 目的は 何ですか。 유학하는 목적은 무엇입니까?

189	**ゆめ** 명 꿈	①私の ゆめは 世界旅行です。 ②ゆめの 中で 大好きな スターに 会いました。 ① 저의 꿈은 세계여행입니다. ② 꿈 속에서 아주 좋아하는 스타를 만났습니다.

👍 ① 강한 욕망 ② 자면서 보는 이미지

35

Section 2

190 学部(がくぶ)
- 名 학부
- どの 学部に 行くか まだ わかりません。
- 어느 학부로 갈지 아직 모릅니다.
- ➕ 医学部 의학부・工学部 공학부

191 専門(せんもん)
- 名 전문 / 전공
- 私の 専門は 教育学です。
- 저의 전공은 교육학입니다.

192 科学(かがく)
- 名 과학
- 子どものときから 科学が 好きでした。
- 어릴 때부터 과학을 좋아했습니다.
- ➕ 化学 화학

193 医学(いがく)
- 名 의학
- 医者になるために 医学部に 入りました。
- 의사가 되기 위해 의학부에 들어갔습니다.
- ➕ 医科大学 의과대학

194 文学(ぶんがく)
- 名 문학
- フランスの 文学を 勉強して います。
- 프랑스 문학을 공부하고 있습니다.
- ➕ 日本文学 일본문학・文学部 문학부

195 ほうりつ
- 名 법률 / 법
- 大学で ほうりつを 勉強して います。
- 대학에서 법률을 공부하고 있습니다.

196 こうぎ〈する〉
- 名 강의〈하다〉
- 山下先生の こうぎは わかりやすいです。
- 야마시타 선생님의 강의는 알기 쉽습니다.

197 出席(しゅっせき)〈する〉
- 名 출석〈하다〉
- 毎日、大学の 授業に 出席して います。
- 매일 대학 수업에 출석하고 있습니다.

198 欠席(けっせき)〈する〉
- 名 결석〈하다〉
- かぜで 授業を 欠席しました。
- 감기로 수업을 결석했습니다.

199	レポート	英語で レポートを 書かなければ なりません。
명	리포트	영어로 리포트를 써야합니다.

200	論文 ろんぶん	来週までに 論文を 出してください。
명	논문	다음주까지 논문을 제출해 주십시오.

➕ **卒業論文** 졸업논문

201	しめ切り き	レポートの しめ切りは 明日です。
명	제출기한 / 마감	리포트의 제출기한은 내일입니다.

➕ **しめ切る** 마감하다

202	研究〈する〉 けんきゅう	大学院で 数学を 研究したいです。
명	연구 〈하다〉	대학원에서 수학을 연구하고 싶습니다.

➕ **研究所** 연구소 · **研究者** 연구자 · **研究室** 연구실

203	実験〈する〉 じっけん	実験は たいへんですが、おもしろいです。
명	실험 〈하다〉	실험은 힘들지만 재미있습니다.

204	まとめる	週末までに 研究を まとめます。
동	정리하다 / 매듭짓다	주말까지 연구를 매듭짓습니다.

➕ **(〜が) まとまる** 정리되다 / 해결되다

205	ボランティア	休みの 日に ボランティアを して います。
명	봉사활동	휴일에 봉사활동을 하고 있습니다.

206	ふくざつな	この文は ふくざつで よく わかりません。
ナ형	복잡한	이 문장은 복잡해서 잘 모르겠습니다.

Section 2

207	ひつよう〈な〉	学校では 学生カードを 作る ひつようが あります。(名) これは 授業に ひつような 本です。(ナ形)
명 ナ형	필요 < 한 >	학교에서는 학생카드를 만들 필요가 있습니다. 이것은 수업에 필요한 책입니다.

Section 3

공부

勉強（べんきょう）

| 208 | **考える**
かんが
動 생각하다 | むずかしくても、よく <u>考えれば</u> わかります。
かんが
어려워도 잘 생각하면 알 수 있습니다. |

➕ **考え** 생각・**考え方** 사고방식
　　かんが　　　　かんが かた

| 209 | **辞典**
じ てん
名 사전 | カタカナことばの <u>辞典</u>を 買いたいです。
じ てん　　か
가타카나 단어 사전을 사고 싶습니다. |

➕ **辞書** 사전・**電子辞書** 전자사전
　　じしょ　　　　でんし じしょ

| 210 | **調べる**
しら
動 알아보다 / 조사하다 | わからない ことばは 自分で <u>調べて</u> ください。
じぶん　しら
모르는 단어는 스스로 알아봐 주십시오. |

| 211 | **たしかめる**
動 확실히 하다 /
확인하다 | レポートを 書いたら、<u>たしかめて</u> ください。
か
리포트를 작성하면 확인해 주십시오. |

➕ **かくにん〈する〉** 확인〈하다〉

| 212 | **予習〈する〉**
よ しゅう
名 예습〈하다〉 | 毎日、漢字を <u>予習して</u> きてください。
まいにち　かんじ　　よしゅう
매일 한자를 예습해 오십시오. |

| 213 | **復習〈する〉**
ふくしゅう
名 복습〈하다〉 | <u>復習しないと</u>、ことばが おぼえられません。
ふくしゅう
복습하지 않으면 단어를 외울 수 없습니다. |

| 214 | **思い出す**
おも だ
動 생각나다 / 기억나다 | きのう 復習したのに、漢字が <u>思い出せません</u>。
ふくしゅう　　かんじ　おも だ
어제 복습했는데 한자가 생각나지 않습니다. |

Section 3

215	じゅく	学校が 終わったら、じゅくに 行きます。
명	학원	학교가 끝나면 학원에 갑니다.

216	やる	家に 帰ったら、すぐ 宿題を やります。
동	하다	집에 돌아오면 바로 숙제를 합니다.

217	がんばる	勉強も スポーツも がんばって います。
동	노력하다	공부도 스포츠도 노력하고 있습니다.

➕ 「がんばれ！」/「がんばって！」힘내!/화이팅!

218	字	リーさんは 字が とても きれいです。
명	글자 / 글씨	리 씨는 글씨가 매우 예쁩니다.

➕ 文字 문자

👉 文字 는 한자, 가나 그리고 로마자를 지칭할 때 쓰인다.

219	ふりがな	ふりがなが ないと、漢字が 読めません。
명	후리가나	후리가나가 없으면 한자를 읽을 수 없습니다.

➕ 読み方 읽는 법

220	メモ〈する〉	大切な ことを メモして おきます。
명	메모 < 하다 >	중요한 것을 메모해 둡니다.

221	文法	N4の 文法を おぼえましょう。
명	문법	N4 의 문법을 외웁시다.

222	説明〈する〉	この 文法の 説明は よく わかりません。
명	설명 < 하다 >	이 문법의 설명은 잘 모르겠습니다.

223	発音〈する〉	マリアさんの 発音は とても きれいです。
명	발음 < 하다 >	마리아 씨의 발음은 매우 깨끗합니다.

Chapter 2

224 会話〈する〉 かいわ
[명] 회화 / 대화 < 하다 >

日本語だけで 会話しましょう。
일본어만으로 대화합시다.

➕ 話す 말하다・話 말 / 이야기

225 足す た
[동] 더하다

25に 47を 足すと、72に なります。
25에 47을 더하면 72가 됩니다.

➕ 引く 빼다・(数を)かける (숫자를) 곱하다・(数を)わる (숫자를) 나누다

226 役に立つ やく た
[동] 도움이 되다

この 本は とても 役に立ちます。
이 책은 매우 도움이 됩니다.

227 勉強中 べんきょうちゅう
[명] 공부중

今、テストの ための 勉強中です。
지금 시험을 위해 공부중입니다.

➕ テスト中 시험중・電話中 전화중

Section 4

일 / 업무 ①

仕事（しごと）①

| 228 동 | つとめる
근무하다 | 私は ＩＴの 会社に つとめて います。
저는 IT 회사에 근무하고 있습니다. |

➕ （〜で）働く (~에서) 일하다

| 229 명 | 給料（きゅうりょう）
급료 / 월급 | 今日、はじめての 給料を もらいました。
오늘 첫 월급을 받았습니다. |

➕ 給料日 급료일 / 월급날

| 230 명 | ボーナス
보너스 | 夏と 冬に ボーナスが あります。
여름과 겨울에 보너스가 있습니다. |

| 231 명 | 貯金〈する〉（ちょきん）
저금〈하다〉 | 旅行の ために 貯金します。
여행을 위해 저금합니다. |

➕ 貯金箱 저금통

| 232 명 | 受付（うけつけ）
접수 | 受付は 3階に あります。
접수는 3층에 있습니다. |

➕ 受け付ける 접수하다 / 받아들이다

| 233 명 | 名刺（めいし）
명함 | 名刺の 名前が まちがって いました。
명함의 이름이 잘못되어 있었습니다. |

| 234 명 | 営業〈する〉（えいぎょう）
영업〈하다〉 | 営業の 仕事は 楽しいです。
영업 업무는 즐겁습니다. |

Chapter 2

235	あいさつ〈する〉	いつも 元気に あいさつして います。
명	인사 < 하다 >	항상 힘차게 인사하고 있습니다.

236	会議〈する〉	今日の 会議は 午後 3時から です。
명	회의 < 하다 >	오늘 회의는 오후 3시부터입니다.

➕ 会議室 회의실・会議中 회의중

237	ミーティング	昼ごはんを 食べながら ミーティングを しましょう。
명	미팅	점심을 먹으면서 미팅을 합시다.

➕ ミーティングルーム 미팅룸・ミーティング中 미팅중

238	意見	人の 意見を よく 聞きましょう。
명	의견	다른 사람의 의견을 잘 들읍시다.

239	アイディア	部長の アイディアは おもしろいです。
명	아이디어	부장님의 아이디어는 재미있습니다.

240	スケジュール	社長の スケジュールを 知って いますか。
명	스케줄	사장님의 스케줄을 알고 있습니까?

241	出張〈する〉	父は よく アメリカへ 出張して います。
명	출장 < 가다 >	아버지는 자주 미국으로 출장가고 있습니다.

242	もどる	A「田中さんが もどるのは 何時ですか。」 B「3時ごろだと 思います。」
동	돌아오다	A " 다나카 씨가 돌아오는 것은 몇 시입니까?" B " 3 시 쯤이라고 생각합니다."

Section 4

243 もどす 동 되돌리다 / 갚다	新聞を 読んだら、ここに もどして ください。 신문을 읽고나면 여기에 돌려놓아 주십시오.
244 本社 ほんしゃ 명 본사	春から 東京の 本社に 行きます。 봄부터 도쿄 본사에 갑니다.

➕ **支社** 지사・**本店** 본점・**支店** 지점

245 社長 しゃちょう 명 사장 / 사장님	私の 会社の 社長は 若いです。 우리 회사 사장님은 젊습니다.

➕ **社長室** 사장실・**部長** 부장 / 부장님・**課長** 과장 / 과장님

246 ルール 명 룰 / 규칙 / 규율	会社の ルールを よく 読んで ください。 회사 규칙을 잘 읽어 주십시오.
247 規則 きそく 명 규칙	この 会社の 規則を 知って いますか。 이 회사의 규칙을 알고 있습니까?

➕ **校則** 교칙

248 決まる き 동 정해지다	新しい アルバイトが 決まりました。 새 아르바이트가 정해졌습니다.
249 決める き 동 정하다	会議の 時間を 決めましょう。 회의 시간을 정합시다.
250 きょか 〈する〉 명 허가 / 허락 〈하다〉	休む ときは きょかを もらって ください。 쉴 때는 허가를 받아주십시오.
251 (はんこを)押す お 동 (도장을) 찍다	ここに はんこを 押して ください。 여기에 도장을 찍어 주십시오.

Chapter 2

252 ちこく〈する〉　　１分でも ちこくしては いけません。
　　　　　　　　　　　いっぷん

명 지각 < 하다 >　　1 분이라도 지각해서는 안됩니다.

Section 5

일 / 업무 ②

仕事（しごと）②

253	**技術**（ぎじゅつ）	この 会社には どんな 技術が ありますか。
명	기술	이 회사에는 어떤 기술이 있습니까?

254	**パソコン**	パソコンを 見て いると、目が つかれます。
명	컴퓨터	컴퓨터를 보고 있으면 눈이 피로해집니다.

255	**ソフト**	パソコンの ソフトを 作る 仕事が したいです。
명	소프트웨어	컴퓨터의 소프트웨어를 만드는 일을 하고 싶습니다.

➕ ゲームソフト 게임소프트웨어

256	**書類**（しょるい）	明日までに この 書類を 出して ください。
명	서류	내일까지 이 서류를 제출해 주십시오.

➕ 資料（しりょう） 자료

257	**ファイル**	資料を ファイルに 入れます。
명	파일	자료를 파일에 넣습니다.

258	**入力〈する〉**（にゅうりょく）	ここに 英語で 入力して ください。
명	입력 < 하다 >	여기에 영어로 입력해 주십시오.

259	**ほんやく〈する〉**	中国語を 日本語に ほんやくします。
명	번역 < 하다 >	중국어를 일본어로 번역합니다.

➕ ほんやく家（か） 번역가

Chapter 2

260	**通訳〈する〉** つうやく	小学生の ころから <u>通訳</u>に なりたかったです。 しょうがくせい
명	통역 < 하다 >	초등학생 때부터 통역가가 되고 싶었습니다.

261	**方法** ほうほう	日本語が 上手に なる <u>方法</u>を 教えて ください。
명	방법	일본어를 잘하게 되는 방법을 가르쳐 주십시오.

262	**しかた**	仕事の <u>しかた</u>を すぐに おぼえました。
명	방법	업무 방법을 금방 익혔습니다.

= やり方

263	**慣れる** な	最近、やっと 仕事に <u>慣れ</u>ました。
동	익숙해지다	요즘 겨우 업무에 익숙해졌습니다.

264	**うまくいく**	明日の スピーチは <u>うまくいく</u>でしょう。
동	잘 되다	내일 스피치는 잘 될거예요.

265	**成功〈する〉** せいこう	田中さんは 仕事で <u>成功し</u>ました。
명	성공 < 하다 >	다나카 씨는 일에서 성공했습니다.

266	**たのむ**	店長に 仕事を <u>たのまれ</u>ました。
동	부탁하다	점장님께 업무를 부탁받았습니다.

267	**手伝う** てつだ	フランス語の 通訳を <u>手伝って</u> ください。
동	돕다	프랑스어 통역을 도와 주십시오.

+ **手伝い** 도움 / 보조
てつだ

268	**残業〈する〉** ざんぎょう	いそがしいときは <u>残業し</u>ます。
명	잔업 / 야근 < 하다 >	바쁜 때에는 잔업합니다.

Section 5

269 むり〈な〉 【名/ナ形】 억지 / 무리〈한〉

そんな むりを 言わないで ください。(名)
毎日 アルバイトを するのは むりです。(ナ形)

그런 억지를 말하지 마십시오.
매일 아르바이트를 하는 것은 무리입니다.

➕ むりする 무리하다

270 急ぐ(いそぐ) 【動】 서두르다

時間が ないので、急いで ください。

시간이 없으니까 서둘러 주십시오.

271 昼休み(ひるやすみ) 【名】 점심시간

昼休みは 12時から 1時間です。

점심시간은 12시부터 1시간입니다.

➕ ランチ 점심

272 休けい〈する〉(きゅう) 【名】 휴식〈하다〉

3時ですから、ちょっと 休けいしましょう。

3시니까 조금 쉬도록 합시다.

273 忘年会(ぼうねんかい) 【名】 망년회 / 송년회

来週、忘年会を しませんか。

다음주에 송년회를 하지 않을래요?

➕ 新年会(しんねんかい) 신년회・たんじょう会(かい) 생일파티・飲み会(のみかい) 회식 / 술자리・二次会(にじかい) 2차

274 公務員(こうむいん) 【名】 공무원

父も 母も 公務員です。

아버지도 어머니도 공무원입니다.

➕ 会社員(かいしゃいん) 회사원・駅員(えきいん) 역원 / 역무원・銀行員(ぎんこういん) 은행원

275 弁護士(べんごし) 【名】 변호사

弁護士に なるのは むずかしいです。

변호사가 되는 것은 어렵습니다.

276 工場(こうじょう) 【名】 공장

パンの 工場で アルバイトして いました。

빵 공장에서 아르바이트하고 있었습니다.

Chapter 2

277 事務所 (じむしょ)
명 사무소 / 사무실

事務所で 昼ごはんを 食べて います。
사무실에서 점심을 먹고 있습니다.

커뮤니케이션에 사용할 수 있는 말 ❶

 인사

▶ 외출할 때　出かけるとき
いってらっしゃい。　　　　　　다녀오세요.
いってきます。　　　　　　　　다녀오겠습니다.

▶ 돌아왔을 때　帰ってきたとき
ただいま。　　　　　　　　　　다녀왔습니다.
おかえりなさい。　　　　　　　어서오세요.

👉 **おかえり**는 친구 또는 가족 모두에게 사용할 수 있다.

▶ 오랜만에 만났을 때　久しぶりに会ったとき
お元気ですか。　　　　　　　　잘 지내셨나요?
はい。おかげさまで (元気です)。네, 덕분에요.

▶ 아픈 사람에게　病気の人に
お大事に。　　　　　　　　　　몸조리 잘 하세요.
ありがとうございます。　　　　감사합니다.

▶ 회사, 아르바이트에서　会社・アルバイトで
お先に しつれいします。　　　　먼저 퇴근하겠습니다.
おつかれさまでした。　　　　　수고하셨습니다.

👉 자신보다 어린 사람에게는 **「お先に」** 또는 **「おつかれさま」**를 사용해도 된다.

Chapter 2

▶ 여러 상황에 사용할 수 있다　いろいろ 使(つか)える
　しつれいします。　　　　　　　　　실례합니다.

「しつれいします」는 매우 많은 상황에서 사용할 수 있다.

① 다른 사람의 집이나 방에 들어갈 때
② 다른 사람의 집이나 방을 나갈 때
③ 전화를 끊을 때
④ 누군가를 만나서 헤어질 때

☞ T 자신보다 나이가 많은 사람들에게 사용할 수 있는 공손한 표현이며 특히나 비즈니스 상황에서 유용하다.

▶ 축하 메시지!　おいわいの メッセージ!
　【(ご)けっこん】おめでとうございます。
　(결혼) 축하합니다.
　ありがとうございます。　　　　　감사합니다.

☞ **合格**, (ご)**入学**, (ご)**そつぎょう** 그리고 (ご)**出産** 같은 단어들이 괄호 안에 들어갈 수 있다.
　친구와 가족에게는 **けっこん　おめでとう** 또는 **にゅうがく　おめでとう**를 사용해도 괜찮다.

N4
Chapter
3

즐거운 일
楽しいこと
たの

단어 No.

1	여행 旅行 りょこう	278 ~ 305
2	요리~먹다 料理~食べる りょうり　　た	306 ~ 331
3	요리~만들다 料理~作る りょうり　　つく	332 ~ 359
4	쇼핑 買い物 か　もの	360 ~ 388
5	장소 場所 ばしょ	389 ~ 419

Section 1

여행

旅行（りょこう）

278	**ガイドブック**	本屋さんで <u>ガイドブック</u>を 買いました。
명	가이드북	서점에서 가이드북을 샀습니다.

279	**時こく表**（じこくひょう）	電車の <u>時こく表</u>は どこに ありますか。
명	시각표 / 시간표	전철 시간표는 어디에 있습니까?

280	**計画〈する〉**（けいかく）	今年 家族と 旅行を <u>計画して</u> います。
명	계획〈하다〉	올해 가족과 여행을 계획하고 있습니다

281	**遠く**（とお）	たまには <u>遠く</u>へ 行きたいです。
명	먼 곳	가끔은 먼 곳에 가고 싶습니다.

↔ 近く（ちか）

282	**海外**（かいがい）	夏休みに <u>海外</u>へ 行きたいと 思って います。
명	해외	여름휴가에 해외로 가고 싶다고 생각하고 있습니다.

= 外国（がいこく）　+ 海外旅行（かいがいりょこう） 해외여행・外国旅行（がいこくりょこう） 외국여행

283	**国内**（こくない）	夏に 母と <u>国内</u>を 旅行します。
명	국내	여름에 어머니와 국내를 여행합니다.

+ 国内旅行（こくないりょこう） 국내여행

284	**景色**（けしき）	ここから 見る <u>景色</u>は ほんとうに きれいですね。
명	경색 / 경치	이곳에서 보는 경치는 정말로 아름답네요.

Chapter 3

285 [お]祭り
まつ

名 축제

日本には おもしろい 祭りが 多いです。
にほん　　　　　　　　　まつ　　　おお

일본에는 재미있는 축제가 많습니다.

➕ 夏祭り 여름축제・秋祭り 가을 축제・雪祭り 눈 축제
　なつまつ　　　　　　　あきまつ　　　　　　　ゆきまつ

286 花火
はなび

名 불꽃놀이

日本の 花火の 技術は 世界一です。
にほん　はなび　ぎじゅつ　せかいいち

일본의 불꽃놀이 기술은 세계 제일입니다.

➕ 花火大会 불꽃놀이 축제
　はなびたいかい

287 連休
れんきゅう

名 연휴

もうすぐ うれしい 4連休です。
　　　　　　　　　　　れんきゅう

이제 곧 즐거운 4일 연휴입니다.

➕ 3連休 3일 연휴・ゴールデンウィーク 골든위크
　れんきゅう

288 [お]正月
しょうがつ

名 새해/설날

お正月の 休みに 国へ 帰るつもりです。
しょうがつ　やす　　くに　かえ

설날 휴일에 고국에 돌아갈 생각입니다.

➕ お年玉 세뱃돈
　としだま

289 旅行社
りょこうしゃ

名 여행사

駅の 近くの 旅行社は とても 親切です。
えき　ちか　　りょこうしゃ　　　　しんせつ

역 근처 여행사는 매우 친절합니다.

＝ 旅行会社
　りょこうがいしゃ

290 申し込む
もうこ

動 신청하다

友だちと ハワイ旅行を 申し込みました。
とも　　　　　　りょこう　もうこ

친구와 하와이 여행을 신청했습니다.

➕ 申し込み 신청
　もうこ

291 シングル(ベッド)

名 싱글(베드)

シングルの 部屋を 予約しました。
　　　　　　へや　よやく

싱글베드 방을 예약했습니다.

➕ ツイン(ベッド) 트윈(베드)・ダブル(ベッド) 더블(베드)

👉 보통 ベッド는 생략된다.

Section 1

292 予約〈する〉 よやく
名 예약 < 하다 >

早く ホテルを 予約した ほうが いいです。
빨리 호텔을 예약하는 것이 좋습니다.

293 したく〈する〉
名 준비 < 하다 >

旅行の したくを して います。
여행 준비를 하고 있습니다.

≡ 準備〈する〉 じゅんび

294 空港 くうこう
名 공항

ここから 空港まで バスで 行きます。
여기에서 공항까지 버스로 갑니다.

295 両替〈する〉 りょうがえ
名 환전 < 하다 >

どこで 日本円に 両替したら いいですか。
어디서 일본엔으로 환전하면 됩니까?

➕ 両替所 환전소 りょうがえじょ

296 出発〈する〉 しゅっぱつ
名 출발 < 하다 >

飛行機が もうすぐ 出発します。
비행기가 이제 곧 출발합니다.

➕ 出発ロビー 출발 로비 しゅっぱつ

297 到着〈する〉 とうちゃく
名 도착 < 하다 >

何時に 日本に 到着しますか。
몇 시에 일본에 도착합니까?

➕ 到着ロビー 도착 로비 とうちゃく

298 帰国〈する〉 きこく
名 귀국 < 하다 >

来月、帰国する ことに なりました。
다음 달에 귀국하게 되었습니다.

➕ 一時帰国〈する〉 일시귀국 < 하다 > いちじきこく

299 旅館 りょかん
名 료칸 / 여관

この 旅館は とても 有名です。
이 "료칸"은 매우 유명합니다.

Chapter 3

300	フロント	ホテルの フロントで パスポートを 見せます。
명	프론트 데스크	호텔 프론트 데스크에서 여권을 보여줍니다.

301	泊まる	あの 有名な 旅館に 泊まって みたいです。
동	머물다 / 숙박하다	저 유명한 "료칸"에서 숙박해보고 싶습니다.

➕ 1泊2日 1박 2일・2泊3 2박 3일・3泊4日 3박 4일

302	すごす	暖かい 国で ゆっくり すごしたいです。
동	지내다	따뜻한 나라에서 한가하게 지내고 싶습니다.

303	経験〈する〉	若い ときに いろいろ 経験して おきます。
명	경험 < 하다 >	젊은 때에 여러 가지를 경험해 둡니다.

304	見物〈する〉	バスに 乗って、東京を 見物しました。
명	관광 / 구경 < 하다 >	버스를 타고 도쿄를 구경했습니다.

➕ 見学〈する〉 견학 < 하다 >

305	はがき	友だちが きれいな はがきを 送って くれました。
명	엽서	친구가 예쁜 엽서를 보내주었습니다.

➕ 絵はがき 그림 엽서

Section 2

요리~먹다

料理~食べる（りょうり~たべる）

306 和食 (わしょく)
명 일본요리 / 와쇼쿠

日本料理は 和食とも 言います。
일본요리는 "와쇼쿠"라고도 합니다.

= 日本料理 (にほんりょうり)

307 洋食 (ようしょく)
명 양식

今日は 洋食が 食べたいです。
오늘은 양식을 먹고 싶습니다.

308 ステーキ
명 스테이크

一人で 400グラムの ステーキを 食べました。
혼자서 400그램의 스테이크를 먹었습니다.

309 ハンバーグ
명 햄버그 스테이크

とうふの ハンバーグは 体に いいです。
두부 햄버그 스테이크는 몸에 좋습니다.

＋ ハンバーガー 햄버거

310 サラダ
명 샐러드

毎日、たくさん サラダを 食べて います。
매일 샐러드를 많이 먹고 있습니다.

311 ケーキ
명 케이크

毎日、3時に ケーキを 食べます。
매일 3시에 케이크를 먹습니다.

＋ クッキー 쿠키・キャンディ 캔디 / 사탕

312 メニュー
명 메뉴

今日の 晩ごはんの メニューは 何ですか。
오늘 저녁 메뉴는 무엇입니까?

Chapter 3

313	食べ放題 た ほうだい	あの 店は 2000円で 食べ放題です。 みせ にせんえん た ほうだい
명	무한리필 / 무제한 식사	저 가게는 2000 엔으로 무한리필입니다.

➕ **飲み放題** 음료 / 술 무한리필

314	注文〈する〉 ちゅうもん	肉料理を たくさん 注文しました。 にくりょうり ちゅうもん
명	주문 < 하다 >	고기 요리를 많이 주문했습니다.

315	ごちそう〈する〉	たんじょう日に 友だちが ごちそうして くれました。 び とも
명	대접 < 하다 >	생일에 친구가 대접해 주었습니다.

316	アルコール	アルコールは 飲めないので、ウーロン茶に します。 の ちゃ
명	알코올	알코올은 못마시니까 우롱차로 하겠습니다.

➕ **ワイン** 와인 · **ウイスキー** 위스키 · **サワー** 사와

317	かんぱい〈する〉	ビールで かんぱいしましょう。
명	건배 < 하다 >	맥주로 건배합시다.

318	酔う よ	ワインを 飲みすぎて、酔って しまいました。 の よ
동	취하다	와인을 너무 많이 마셔서 취해 버렸습니다.

➕ **酔っぱらう** 몹시 취하다 · **酔っぱらい** 술 취한 사람
 よ よ

👍 酔っぱらう 는 술을 너무 많이 마셨을 때에만 사용하는 반면, 酔う는 멀미나 뱃멀미 등에 사용할 수 있다.

319	しょうゆ	この 料理には しょうゆを 使います。 りょうり つか
명	간장	이 요리에는 간장을 사용합니다.

➕ **こしょう** 후추 · **みそ** 된장

Section 2

320	ソース	この 料理には ソースが 合います。
명	소스	이 요리에는 소스가 어울립니다.

321	(しょうゆを) つける	これは しょうゆを つけると、おいしいです。
동	(간장을) 찍다	이것은 간장을 찍으면 맛있습니다.

➕ (よごれが) つく (오염이) 묻다

322	味	私は この 店の 味が 大好きです。
명	맛	저는 이 가게의 맛을 아주 좋아합니다.

➕ 味がする 맛이 나다

323	(味が) うすい	今日の みそしるは ちょっと うすいです。
イ형	(맛이) 싱겁다 / 연하다	오늘 된장국은 조금 싱겁습니다.

👉 이 표현은 맛뿐만이 아니라 색상에도 사용된다.

324	(味が) こい	私は こい お茶が 好きです。
イ형	(맛이) 진하다	저는 진한 차를 좋아합니다.

325	にがい	ビールは にがいので、あまり 飲みません。
イ형	쓰다	맥주는 써서 별로 마시지 않습니다.

326	におい	台所から いい においが して きました。
명	냄새	주방에서 좋은 냄새가 났습니다.

327	かむ	食事は よく かんで、食べましょう。
동	씹다	식사는 잘 씹어서 먹읍시다.

➕ ガムをかむ 껌을 씹다

Chapter 3

328 명	量(りょう) 양	この 店の スパゲッティは 量が 多いです。 이 가게의 스파게티는 양이 많습니다.
329 동	残す(のこ) 남기다	ごはんを 少し 残しました。 밥을 조금 남겼습니다.
330 동	残る(のこ) 남다	料理が 残ったら、明日 食べましょう。 요리가 남으면 내일 먹읍시다.
331 명	チャレンジ〈する〉 도전 < 하다 >	タイ料理に チャレンジして みます。 태국 요리에 도전해 보겠습니다.

Section 3

요리~만들다

料理~作る（りょうり~つくる）

332	**材料**(ざいりょう) 명 재료	れいぞう庫の 材料で 料理を 作ります。 냉장고의 재료로 요리를 만듭니다.
333	**半分**(はんぶん) 명 절반	トマトを 半分に 切って ください。 토마토를 절반으로 잘라 주십시오.
334	**はかる** 동 재다	スプーンで しおと さとうを はかります。 스푼으로 소금과 설탕을 잽니다.
335	**まぜる** 동 섞다	肉と たまねぎを よく まぜて ください。 고기와 양파를 잘 섞어 주십시오.
336	**道具**(どうぐ) 명 도구	台所の 便利な 道具を 買いました。 주방에 편리한 도구를 샀습니다.
337	**なべ** 명 냄비	なべに 水を 入れて ください。 냄비에 물을 넣어 주십시오.

➕ フライパン 프라이팬

338	**ふた** 명 뚜껑	この びんの ふたは どこに ありますか。 이 병의 뚜껑은 어디에 있습니까?
339	**[お]皿**(さら) 명 접시	この 料理には 白い 皿を 使いましょう。 이 요리에는 하얀 접시를 사용합시다.
340	**ちゃわん** 명 그릇	この 大きい ちゃわんは だれのですか。 이 큰 그릇은 누구 것입니까?

Chapter 3

341	用意〈する〉 ようい	大きい お皿を 用意して ください。 おお　さら　よう い
명	준비〈하다〉	큰 접시를 준비해 주십시오.

342	並ぶ なら	ラーメン屋に たくさんの 人が 並んで います。 　　　　　や　　　　　　　　ひと　なら
동	줄서다 / 늘어서다	라면 가게에 많은 사람이 줄서 있습니다.

343	並べる なら	テーブルに 料理を 並べました。 　　　　　　りょうり　なら
동	늘어놓다	테이블에 요리를 늘어놓았습니다.

344	火 ひ	火が 強いので、少し 弱くして ください。 ひ　つよ　　　　　すこ　よわ
명	불	불이 강하므로 조금 약하게 해주십시오.

➕ **強火** 강불・**中火** 중불・**弱火** 약불
　　つよび　　　　ちゅうび　　　　よわび

345	焼く や	魚を 10分くらい 焼きます。 さかな　じゅっぷん　や
동	굽다	생선을 10분 정도 굽습니다.

346	焼ける や	もうすぐ パンが 焼けます。 　　　　　　　　　や
동	구워지다	이제 곧 빵이 구워집니다.

347	やかん	やかんに 水が 入って いますか。 　　　　みず　はい
명	주전자	주전자에 물이 들어 있습니까?

348	わかす	やかんで おゆを わかしましょう。
동	끓이다	주전자로 물을 끓입시다.

➕ (〜が) わく 끓다

349	温める あたた	この スープを 温めて ください。 　　　　　　　あたた
동	따뜻하게 하다 / 데우다	이 스프를 데워 주십시오.

➕ (〜が) 温まる 따뜻해지다
　　　　あたた

Section 3

350 動	冷やす(ひ) 차게 하다 / 식히다	これを れいぞう庫(こ)で ３０分(さんじゅっぷん) 冷(ひ)やします。 이것을 냉장고에서 30분 식힙니다.
351 動	(お茶を)入れる(ちゃ)(い) (차를) 끓이다	お茶(ちゃ)を 入(い)れましょうか。 차를 끓일까요?
352 動	くさる 상하다 / 썩다	れいぞう庫(こ)の 中(なか)の 肉(にく)が くさって しまいました。 냉장고 속의 고기가 상해버렸습니다.
353 動	すてる 버리다	この 野菜(やさい)は すてないで ください。 이 야채는 버리지 마십시오.
354 名	[お] 米(こめ) 쌀	パンより 米(こめ)が 好(す)きです。 빵보다 쌀을 좋아합니다.

➕ 麦(むぎ) 보리

355 名	[お] べんとう 도시락	毎日(まいにち)、自分(じぶん)で おべんとうを 作(つく)って います。 매일 스스로 도시락을 만들고 있습니다.
356 名	おかず 반찬	今日(きょう)の おかずは 天(てん)ぷらです。 오늘 반찬은 튀김입니다.
357 名	インスタント食品(しょくひん) 인스턴트 식품	私(わたし)は インスタント食品(しょくひん)を よく 食(た)べます。 저는 인스턴트 식품을 자주 먹습니다.

➕ インスタントラーメン 인스턴트 라면・インスタントコーヒー 인스턴트 커피・カップラーメン 컵라면

Chapter 3

358	かんづめ	<u>かんづめ</u>は 料理に 便利です。
명	통조림	통조림은 요리에 편리합니다.

359	家事 _{か じ}	<u>家事</u>の 中で 料理が いちばん 好きです。
명	가사 / 집안일	집안일 중에서 요리를 제일 좋아합니다.

Section 4

쇼핑

買い物（かいもの）

360	ねだん	ねだんを 見てから、くつを 買います。
명	가격	가격을 보고서 구두를 삽니다.

361	上がる	食料品の ねだんが 上がりました。
동	오르다	식료품 가격이 올랐습니다.

↔ 下がる

362	バーゲン	明日から 夏の バーゲンが 始まります。
명	바겐세일	내일부터 여름 바겐세일이 시작됩니다.

= セール・バーゲンセール

363	割引(わりびき)	この レストランは 学生の 割引が あります。
명	할인	이 레스토랑은 학생 할인이 있습니다.

➕ 学生割引 학생할인・割り引く 할인하다

364	無料(むりょう)	この 雑誌は 無料です。
명	무료	이 잡지는 무료입니다.

= タダ 무료 (주로 대화에서 사용됨)

365	有料(ゆうりょう)	この トイレは 有料です。
명	유료	이 화장실은 유료입니다.

366	さいふ	さいふを 家に わすれて きました。
명	지갑	지갑을 집에 두고 왔습니다.

Chapter 3

367	レジ	レジの 前に 10人くらい 並んで います。
명	계산대	계산대 앞에 10 명 정도 줄 서 있습니다.
368	計算〈する〉 けいさん	計算するのに、時間が かかります。
명	계산＜하다＞	계산하는데 시간이 걸립니다.
369	店員 てんいん	この スーパーの 店員は 親切です。
명	점원	이 슈퍼의 점원은 친절합니다.

➕ 係員
かかりいん 계원 / 담당자

370	数える かぞ	バナナが 何本 あるか、数えて ください。
동	세다	바나나가 몇 개 있는지 세어 주십시오.
371	払う はら	どこで お金を 払ったら いいですか。
동	지불하다	어디서 돈을 내면 됩니까？
372	サイン〈する〉	こちらに サインを おねがいします。
명	사인＜하다＞	여기에 사인을 부탁드립니다.
373	足りる た	お金が ちょっと 足りません。
동	부족하다	돈이 조금 모자랍니다.
374	［お］つり	おつりを もらうのを わすれました。
명	거스름돈	거스름돈을 받는 것을 잊어버렸습니다.
375	レシート	買い物のとき、レシートを もらいます。
명	영수증	쇼핑할 때 영수증을 받습니다.
376	りょうしゅう書 しょ	レストランで りょうしゅう書を もらいました。
명	영수증	레스토랑에서 영수증을 받았습니다.

Section 4

377	**ふくろ**	いつも <u>ふくろ</u>を 持って、買い物に 行きます。
	명 봉지 / 자루 / 주머니	항상 봉지를 갖고 쇼핑을 갑니다.
		➕ ビニールぶくろ 비닐 봉지・買い物ぶくろ 쇼핑백
378	**取りかえる**	くつを <u>取りかえて</u> もらいました。
	동 바꾸다 / 교환하다	구두를 교환받았습니다.
379	**さがす**	ピンクの セーターを ずっと <u>さがして</u> います。
	동 찾다	핑크색 스웨터를 계속 찾고 있습니다.
380	**えらぶ**	プレゼントを <u>えらぶ</u>のは とても 楽しいです。
	동 고르다	선물을 고르는 것은 매우 즐겁습니다.
381	**包む**	この シャツを <u>包んで</u> ください。
	동 싸다 / 포장하다	이 셔츠를 포장해 주십시오.
382	**(お金を)下ろす**	銀行で お金を <u>下ろし</u>ます。
	동 (돈을) 찾다	은행에서 돈을 찾습니다.
383	**売れる**	ここの パンは とても <u>売れて</u> います。
	동 팔리다	이 곳의 빵은 아주 잘 팔립니다.
		➕ 売る 팔다
384	**食料品**	この 店の <u>食料品</u>は 安いです。
	명 식료품	이 가게의 식료품은 저렴합니다.
385	**おもちゃ**	<u>おもちゃ</u>売り場は 5階です。
	명 장난감	장난감 판매장은 5층입니다.
		➕ 人形 인형

Chapter 3

386	パンフレット	パンフレットを 読んでから、パソコンを 買います。
명	팸플릿	팸플릿을 읽고 나서 컴퓨터를 삽니다.

387	日本製 _{にほんせい}	これは 日本製の テレビです。
명	일본제	이것은 일본제 텔레비전입니다.

➕ **外国製**(がいこくせい) 외국제・**イタリア製**(せい) 이탈리아제・**アメリカ製**(せい) 미국제

388	本物 _{ほんもの}	これが 本物なら、高くても 買いたいです。
명	진짜 / 진품	이것이 진품이라면 비싸도 사고 싶습니다.

↔ にせ物(もの)

Section 5

장소
場所（ばしょ）

389 場所（ばしょ） 图 장소
行って みたい <u>場所</u>が たくさん あります。
가보고 싶은 장소가 많이 있습니다.
= ところ

390 駅前（えきまえ） 图 역전 / 역 앞
<u>駅前</u>に 新しい スーパーが できました。
역 앞에 새로운 슈퍼가 생겼습니다.

391 交番（こうばん） 图 파출소
駅前の <u>交番</u>で 道を 聞きました。
역 앞의 파출소에서 길을 물었습니다.

392 市役所（しやくしょ） 图 시청
駅から <u>市役所</u>まで バスが あります。
역에서 시청까지 버스가 있습니다.
+ 区役所（くやくしょ） 구청

393 バス停（てい） 图 버스 정류장
うちの すぐ 近くに <u>バス停</u>が あります。
우리집 바로 근처에 버스 정류장이 있습니다.

394 広場（ひろば） 图 광장
子どもたちと <u>広場</u>で 遊びましょう。
아이들과 광장에서 놉시다.

395 城（しろ） 图 성
この <u>城</u>は 450年前に 建てられました。
이 성은 450년 전에 지어졌습니다.

396 神社（じんじゃ） 图 신사
お正月に 友だちと <u>神社</u>へ 行きました。
설날에 친구와 신사에 갔습니다.
+ 寺（てら） 절

397	**教会** きょうかい	近所に 古い <u>教会</u>が あります。
명	교회	근처에 오래된 교회가 있습니다.

398	**港** みなと	ときどき <u>港</u>まで 散歩します。
명	항구	가끔 항구까지 산책합니다.

👉 항구의 이름은 **よこはま港**와 같이 〇〇こう라고 읽는다.

399	**動物園** どうぶつえん	<u>動物園</u>へ パンダを 見に 行きます。
명	동물원	동물원에 판다를 보러 갑니다.

400	**美術館** びじゅつかん	休みの日に よく <u>美術館</u>へ 行きます。
명	미술관	휴일에 자주 미술관에 갑니다.

➕ **てんらん会** 전람회 / 전시회

401	**遊園地** ゆうえんち	日曜日に 家族で <u>遊園地</u>に 行きます。
명	유원지	일요일에 가족끼리 유원지에 갑니다.

402	**スキー場** じょう	あと1時間で <u>スキー場</u>に 着きます。
명	스키장	1시간 후에 스키장에 도착합니다.

403	**温泉** おんせん	日本には たくさんの <u>温泉</u>が あります。
명	온천	일본에는 많은 온천이 있습니다.

404	**駐車場** ちゅうしゃじょう	マンションに 広い <u>駐車場</u>が あります。
명	주차장	맨션에 넓은 주차장이 있습니다.

➕ **駐車**〈する〉 주차〈하다〉・**駐車禁止** 주차금지

405	**屋上** おくじょう	この ビルの <u>屋上</u>には 出られません。
명	옥상	이 빌딩 옥상에는 나갈 수 없습니다.

Section 5

406	地下 ちか	デパートの 地下で ケーキを 買います。
명	지하	백화점 지하에서 케이크를 삽니다.

407	いなか	いなかに 住みたいです。
명	시골	시골에 살고 싶습니다.

408	郊外 こうがい	去年、東京の 郊外に ひっこしました。
명	교외	작년에 도쿄 교외로 이사했습니다.

409	方言 ほうげん	私の いなかには 方言が あります。
명	방언 / 사투리	제 고향에는 사투리가 있습니다.

➕ 関西弁 간사이 방언 ・ 東北弁 도호쿠 방언

410	禁煙〈する〉 きんえん	ここは 禁煙ですから、あちらで どうぞ。
명	금연 <하다>	이 곳은 금연이므로 저쪽에서 피우세요.

↔ きつ煙〈する〉

411	立入禁止 たちいりきんし	ここは 立入禁止です。
명	출입금지	이 곳은 출입금지입니다.

➕ 使用禁止 사용금지

412	通り とお	ここが 町で いちばん 広い 通りです。
명	거리	이 곳이 도시에서 가장 넓은 거리입니다.

➕ 道 길/도로

413	右側 みぎがわ	この 道の 右側に 銀行が あります。
명	우측	이 길 우측에 은행이 있습니다.

↔ 左側 ひだりがわ

414	間 あいだ	花屋と 本屋の 間に カフェが あります。
명	사이	꽃집과 서점 사이에 카페가 있습니다.
415	真ん中 ま なか	町の 真ん中に 大きい 公園が あります。
명	정중앙 / 한가운데	도시 한가운데에 큰 공원이 있습니다.
416	向こう む	山の 向こうに ホテルが できました。
명	반대편 / 맞은편	산 맞은편에 호텔이 생겼습니다.
417	たずねる	おばあさんに 道を たずねられました。
동	묻다	할머니가 길을 물었습니다.
418	寄る よ	学校へ 行く 前に 銀行に 寄りました。
동	들르다	학교에 가기 전에 은행에 들렀습니다.
419	(ビルが)できる	駅の 前に 大きい ビルが できました。
동	(빌딩이) 생기다 / 지어지다	역 앞에 큰 빌딩이 생겼습니다.

이것도 외우자! ❶

🐾 동물 動物(どうぶつ)

ライオン	사자	トラ	호랑이
ゾウ	코끼리	ゴリラ	고릴라
チンパンジー	침팬지	クマ	곰
キリン	기린	ペンギン	펭귄
ワニ	악어	イルカ	돌고래

🎲 숫자를 세는 말 数(かぞ)えることば

- ~冊(さつ) ~권   👉 책

1冊(いっさつ)　2冊(にさつ)　3冊(さんさつ)　4冊(よんさつ)　5冊(ごさつ)

- ~杯(はい/ぱい) ~잔   👉 잔에 담긴 음료

1杯(いっぱい)　2杯(にはい)　3杯(さんばい)　4杯(よんはい)　5杯(ごはい)

- ~匹(ひき/びき/ぴき) ~마리   👉 동물

1匹(いっぴき)　2匹(にひき)　3匹(さんびき)　4匹(よんひき)　5匹(ごひき)

- ~本(ほん/ぼん/ぽん) ~개   👉 긴 물체, 기차, 이메일

1本(いっぽん)　2本(にほん)　3本(さんぼん)　4本(よんほん)　5本(ごほん)

- ~番目(ばんめ) ~번째   👉 순서

1番目(いちばんめ)　2番目(にばんめ)　3番目(さんばんめ)　4番目(よんばんめ)　5番目(ごばんめ)

- ~軒(けん/げん) ~채   👉 집, 가게

1軒(いっけん)　2軒(にけん)　3軒(さんげん)　4軒(よんけん)　5軒(ごけん)

- ~位(い) ~위   👉 대회 순위

1位(いちい)　2位(にい)　3位(さんい)　4位(よんい)　5位(ごい)

Chapter 3

📌 일본의 47개 도도부현과 대도시 日本の「47都道府県」と「大きな都市」
にほん とどうふけん おお と し

• ～県 ～현
けん

① 北海道 ② 青森県 ③ 岩手県 ④ 秋田県 ⑤ 宮城県 ⑥ 山形県
ほっかいどう あおもりけん いわてけん あきたけん みやぎけん やまがたけん

⑦ 福島県 ⑧ 新潟県 ⑨ 群馬県 ⑩ 栃木県 ⑪ 茨城県 ⑫ 千葉県
ふくしまけん にいがたけん ぐんまけん とちぎけん いばらきけん ちばけん

⑬ 埼玉県 ⑭ 東京都 ⑮ 神奈川県 ⑯ 山梨県
さいたまけん とうきょうと かながわけん やまなしけん

⑰ 長野県 ⑱ 静岡県 ⑲ 愛知県 ⑳ 岐阜県
ながのけん しずおかけん あいちけん ぎふけん

㉑ 富山県 ㉒ 石川県 ㉓ 福井県 ㉔ 滋賀県
とやまけん いしかわけん ふくいけん しがけん

㉕ 三重県 ㉖ 奈良県 ㉗ 和歌山県 ㉘ 大阪府
みえけん ならけん わかやまけん おおさかふ

㉙ 京都府 ㉚ 兵庫県 ㉛ 岡山県 ㉜ 鳥取県
きょうとふ ひょうごけん おかやまけん とっとりけん

㉝ 島根県 ㉞ 広島県 ㉟ 山口県 ㊱ 香川県
しまねけん ひろしまけん やまぐちけん かがわけん

㊲ 徳島県 ㊳ 高知県 ㊴ 愛媛県
とくしまけん こうちけん えひめけん

㊵ 福岡県 ㊶ 佐賀県 ㊷ 長崎県
ふくおかけん さがけん ながさきけん

㊸ 熊本県 ㊹ 大分県 ㊺ 宮崎県
くまもとけん おおいたけん みやざきけん

㊻ 鹿児島県 ㊼ 沖縄県
かごしまけん おきなわけん

• ～市 ～시
し

札幌市	仙台市	新潟市	横浜市	金沢市	静岡市	名古屋市	京都市
さっぽろし	せんだいし	にいがたし	よこはまし	かなざわし	しずおかし	なごやし	きょうとし
大阪市	神戸市	岡山市	広島市	福岡市	熊本市	長崎市	
おおさかし	こうべし	おかやまし	ひろしまし	ふくおかし	くまもとし	ながさきし	

N4
Chapter
4
외출하자!

出かけよう
で

		단어 No.
1	날씨 天気 てんき	420 ~ 435
2	자연 自然 しぜん	436 ~ 460
3	탈 것 乗り物 のもの	461 ~ 484
4	운전하다 運転する うんてん	485 ~ 508
5	세계 世界 せかい	509 ~ 528

Section 1

날씨

天気（てんき）

420	**天気予報** てんきよほう	毎朝、天気予報を チェックします。 まいあさ
명	날씨예보 / 일기예보	매일 아침에 일기예보를 체크합니다.
421	**青空** あおぞら	今日は とても きれいな 青空です。 きょう　　　　　　　　　　　　あおぞら
명	푸른 하늘 / 파란 하늘	오늘은 매우 깨끗한 푸른 하늘입니다.
422	**晴れる** は	明日は 晴れるでしょう。 あした　は
동	맑다	내일은 맑을 겁니다.

➕ **晴れ** 맑은 날씨 / 하늘이 갬
　は

423	**くもり**	今週は 毎日 くもりです。 こんしゅう　まいにち
명	흐림	이번 주는 매일 흐립니다.

➕ **くもる** 흐리다 / 흐려지다

424	**風** かぜ	強い 風で 電車が 止まって しまいました。 つよ　かぜ　でんしゃ　と
명	바람	강한 바람으로 전철이 멈춰 버렸습니다.
425	**吹く** ふ	今日は とても 強い 風が 吹いて います。 きょう　　　　　つよ　かぜ　ふ
동	불다	오늘은 매우 강한 바람이 불고 있습니다.
426	**やむ**	雨は もうすぐ やむでしょう。 あめ
동	멈추다 / 그치다	비는 이제 곧 그칠 겁니다.
427	**台風** たいふう	大きい 台風が 来るかもしれません。 おお　たいふう　く
명	태풍	큰 태풍이 올 지도 모릅니다.

428	**かみなり**	私は かみなりが 大きらいです。
명	천둥	저는 천둥을 아주 싫어합니다.

429	**レインコート**	明日は レインコートを 着て、出かけます。
명	레인코트	내일은 레인코트를 입고 외출합니다.

➕ **レインブーツ** 레인부츠

430	**(かさを) さす**	たくさんの 人が かさを さして います。
동	(우산을) 쓰다	많은 사람이 우산을 쓰고 있습니다.

431	**ぬれる**	かさが なくて、服が ぬれて しまいました。
동	젖다	우산이 없어서 옷이 젖어 버렸습니다.

➕ **(〜を) ぬらす** (〜을) 적시다

432	**波**(なみ)	今日は 波が 高いです。
명	파도	오늘은 파도가 높습니다.

433	**気温**(きおん)	今日は 気温が 上がりそうです。
명	기온	오늘은 기온이 오를 것 같습니다.

➕ **温度**(おんど) 온도 · **湿度**(しつど) 습도

434	**冷える**(ひえる)	ずっと 外に いたので、体が 冷えました。
동	차가워지다	계속 밖에 있었더니 몸이 차가워졌습니다.

435	**比べる**(くらべる)	日本と 比べると、私の 国は とても 寒いです。
동	비교하다	일본과 비교하면 우리 나라는 매우 춥습니다.

Section 2

자연

自然（しぜん）

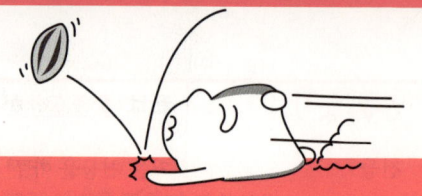

436	地震(じしん) 명 지진	きのうの 夜、小さな 地震が ありました。 어젯밤에 작은 지진이 있었습니다.
437	津波(つなみ) 명 쓰나미	地震の ときは 津波が 心配です。 지진 때는 쓰나미가 걱정입니다.
438	太陽(たいよう) 명 태양	夏は 太陽が とても 高く なります。 여름에는 태양이 매우 높아집니다.
439	空(そら) 명 하늘	雲が ない きれいな 空です。 구름이 없는 깨끗한 하늘입니다.
440	月(つき) 명 달	今晩は 月が 明るく 見えます。 오늘 밤은 달이 밝게 보입니다.
441	星(ほし) 명 별	今夜は 星が たくさん 見えます。 오늘 밤은 별이 많이 보입니다.
442	光る(ひか) 동 빛나다	星が 光って、きれいです。 별이 빛나서 예쁩니다.

➕ 光(ひかり) 빛

443	宇宙(うちゅう) 명 우주	いつか 宇宙に 行って みたいです。 언젠가 우주에 가보고 싶습니다.

➕ 宇宙旅行(うちゅうりょこう) 우주여행 · ロケット 로켓 · 地球(ちきゅう) 지구

Chapter 4

444 空気 (くうき)
명 공기
いなかは 空気が とても おいしいです。
시골은 공기가 매우 맑습니다.

445 島 (しま)
명 섬
日本には 6800の 島が あるそうです。
일본에는 6800개의 섬이 있다고 합니다.

446 海岸 (かいがん)
명 해안 / 해변
この 町には きれいな 海岸が あります。
이 마을에는 멋진 해변이 있습니다.

447 林 (はやし)
명 숲
林の 中に いろいろな 動物が います。
숲 속에 여러 가지 동물이 있습니다.

➕ 森(もり) 숲

448 湖 (みずうみ)
명 호수
公園に 大きい 湖が あります。
공원에 큰 호수가 있습니다.

👉 호수 이름은 びわ湖와 같이 〇〇こ라고 읽는다.

449 池 (いけ)
명 연못
むかし、よく この 池で 泳ぎました。
옛날에 자주 이 연못에서 헤엄쳤습니다.

450 虫 (むし)
명 벌레 / 곤충
兄と よく 虫を とりに 行きました。
형 / 오빠와 자주 곤충을 잡으러 갔습니다.

451 鳥 (とり)
명 새
鳥の かわいい 声で 起きました。
새의 귀여운 소리에 일어났습니다.

➕ 小鳥(ことり) 작은 새

452 季節 (きせつ)
명 계절
私が いちばん 好きな 季節は 秋です。
제가 가장 좋아하는 계절은 가을입니다.

➕ 春(はる) 봄 · 夏(なつ) 여름 · 秋(あき) 가을 · 冬(ふゆ) 겨울

Section 2

453	紅葉 (こうよう)	もうすぐ 紅葉の 季節です。
	명 단풍	이제 곧 단풍의 계절입니다.

➕ 紅葉(もみじ) 단풍

454	[お] 花見 (はなみ)	週末、お花見を するつもりです。
	명 벚꽃놀이	주말에 벚꽃놀이를 할 생각입니다.

➕ さくら 벚꽃・うめ 매실

455	咲く (さ)	公園に 花が 咲いて います。
	동 피다	공원에 꽃이 피어 있습니다.

456	葉 (は)	この 花の 葉は きれいです。
	명 잎	이 꽃의 잎은 예쁩니다.

= 葉っぱ (は) (주로 대화에서 사용됨)

457	枝 (えだ)	木の 枝に 鳥が 止まって います。
	명 가지	나뭇가지에 새가 앉아 있습니다.

458	折れる (お)	台風で 木が 折れて しまいました。
	동 접히다 / 꺾어지다 / 부러지다	태풍으로 나무가 부러져 버렸습니다.

459	折る (お)	さくらの 枝を 折ってはいけません。
	동 접다 / 꺾다 / 부러뜨리다	벚꽃 가지를 꺾으면 안됩니다.

460	植える (う)	庭に さくらの 木を 植えました。
	동 심다 / 기르다	정원에 벚나무를 심었습니다.

Section 3

탈 것
乗り物（のりもの）

461	**新幹線** しんかんせん 명 신칸센	大阪まで 新幹線で 2時間半くらいです。 おおさか　しんかんせん　　じかんはん 오사카까지 신칸센으로 2 시간반 정도입니다.
462	**急行** きゅうこう 명 급행 (열차)	東京駅まで 急行で 15分くらいです。 とうきょうえき　きゅうこう　じゅうごふん 도쿄역까지 급행으로 15 분 정도입니다.

➕ **特急** 특급 ・ **各駅停車** 각역정차
　とっきゅう　　かくえきていしゃ

463	**夜行バス** やこう 명 야행버스 / 야간버스	夜行バスで 朝8時ごろ 京都に 着きました。 やこう　　　あさ じ　　きょうと　つ 야간버스로 아침 8 시쯤 교토에 도착했습니다.
464	**自動車** じどうしゃ 명 자동차	小さい 自動車が 人気です。 ちい　　じどうしゃ　にんき 작은 자동차가 인기입니다.

➕ **車** 차
　くるま

465	**オートバイ** 명 오토바이	週末、友だちと オートバイで 出かけます。 しゅうまつ とも　　　　　　　　で 주말에 친구와 오토바이로 외출합니다.

＝ バイク

466	**船** ふね 명 배	いつか 船で 世界を 旅行したいです。 　　　ふね　せかい　りょこう 언젠가 배로 세계를 여행하고 싶습니다.

➕ **船便** 선편 / 배편
　ふなびん

467	**交通** こうつう 명 교통	東京は 交通が とても 便利です。 とうきょう　こうつう　　　　べんり 도쿄는 교통이 매우 편리합니다.

Section 3

468	利用〈する〉(りよう)	いつも 地下鉄を 利用して います。
名	이용 < 하다 >	언제나 지하철을 이용하고 있습니다.

➕ 使う(つか) 사용하다

469	降りる(お)	ここで バスを 降ります。
動	내리다	이 곳에서 버스를 내립니다.

↔ (〜に) 乗る(の)

470	乗りかえる(の)	ここで 地下鉄に 乗りかえて ください。
動	환승하다 / 갈아타다	이 곳에서 지하철로 환승해 주십시오.

➕ 乗りかえ(の) 환승

471	ラッシュ	この電車は ラッシュでも 座れます。
名	러시아워	이 전철은 러시아워에도 앉을 수 있습니다.

472	こむ	朝の 電車は とても こんで います。
動	붐비다 / 혼잡하다	아침 전철은 매우 붐빕니다.

➕ 満員(まんいん) 만원・満席(まんせき) 만석

473	すく	この バスは いつも すいて います。
動	비다	이 버스는 언제나 비어 있습니다.

474	通る(とお)	この 駅には いろいろな 電車が 通って います。
動	다니다	이 역에는 여러 가지 전철이 다니고 있습니다.

475	すぎる	A駅を すぎたら、電車が すきました。
動	지나다	A 역을 지나자 전철이 비었습니다.

476	**開く** あ	次の 駅で 右の ドアが <u>開き</u>ます。 つぎ　えき　みぎ　　　　　　あ
동	열다	다음 역에서 오른쪽 문이 열립니다.
477	**開ける** あ	暑いので、窓を <u>開け</u>ましょう。 あつ　　　まど　あ
동	열리다 / 열다	더우니까 창문을 엽시다.
478	**閉まる** し	右側の ドアが <u>閉まり</u>ます。 みぎがわ　　　　　し
동	닫다	오른쪽 문이 닫힙니다.
479	**閉める** し	寒いので、窓を <u>閉めて</u> ください。 さむ　　　まど　し
동	닫다 / 닫히다	추우니까 창문을 닫아 주십시오.
480	**運転手** うんてんしゅ	子どもの とき、バスの <u>運転手</u>に なりたかったです。 こ　　　　　　　　　　うんてんしゅ
명	운전수 / 운전사	어릴 때 버스 운전사가 되고 싶었습니다.

= ドライバー ＋ ドライブ 드라이브

481	**お客さん** きゃく	この バスは 外国人の <u>お客さん</u>が 多いです。 　　　　　　がいこくじん　きゃく　　　　おお
명	손님	이 버스는 외국인 손님이 많습니다.

👍 공손한 순서로는 客 → お客さん → お客さま가 사용된다.

482	**席** せき	この 飛行機に まだ <u>席</u>は ありますか。 　　　ひこうき　　　　せき
명	자리 / 좌석	이 비행기에 아직 자리는 있습니까?
483	**おとな**	<u>おとな</u>2枚と 子ども2枚、きっぷを ください。 　　　　まい　こ　　　まい
명	성인 / 어른	어른 2장과 어린이 2장, 표를 주십시오.
484	**お年より** とし	ここは <u>お年より</u>の ための 席です。 　　　　とし　　　　　　　せき
명	노인	여기는 노인을 위한 자리입니다.

Section 4

운전하다
運転する（うんてんする）

485	進む すす 동 나아가다 / 진출하다	道が こんで いて、車が 前に 進めません。 도로가 붐벼서 차가 앞으로 나아갈 수 없습니다.
486	向かう む 동 향하다	今、車で 空港に 向かって います。 지금 차로 공항으로 향하고 있습니다.
487	止める と 동 멈추다 / 세우다	バス停の 近くに 車を 止めてはいけません。 버스 정류장 근처에 차를 세우면 안됩니다.
488	止まる と 동 서다 / 멈추다	道に 大きい バスが 止まって います。 도로에 큰 버스가 서 있습니다.
489	運ぶ はこ 동 옮기다	この 荷物を いっしょに 運んで ください。 이 짐을 같이 옮겨주십시오.
490	そうさ〈する〉 명 조작〈하다〉	リモコンで 車の ドアを そうさします。 리모콘으로 차 문을 조작합니다.
491	回す まわ 동 돌리다	車の ハンドルを 回します。 차 핸들을 돌립니다.

➕ (〜が) 回る (〜가) 돌다
　　　まわ

492	事故 じこ 명 사고	きのう、道で 事故を 見て しまいました。 어제 도로에서 사고를 보고 말았습니다.

Chapter 4

493 **(事故に) あう**
交差点で 事故に あって しまいました。

동 (사고를) 당하다
교차로에서 사고를 당하고 말았습니다.

494 **ぶつかる**
信号の ところで 2台の タクシーが ぶつかりました。

동 부딪치다 / 충돌하다
신호가 있는 곳에서 2대의 택시가 부딪쳤습니다.

495 **すべる**
雪の 日は すべりやすいです。

동 미끄러지다
눈 내리는 날은 미끄러지기 쉽습니다.

496 **安全〈な〉**
安全が いちばん 大切です。(名)
安全な 道を 行きましょう。(ナ形)

명 / ナ형 안전〈한〉
안전이 제일 중요합니다.
안전한 길을 갑시다.

➕ **安全運転** 안전운전

497 **危険〈な〉**
ここでは 事故の 危険が あります。(名)
この 道は 車が 多くて、危険です。(ナ形)

명 / ナ형 위험〈한〉
이곳에서는 사고 위험이 있습니다.
이 도로는 차가 많아서 위험합니다.

➕ **危ない** 위험하다

498 **注意〈する〉**
① 車にも 自転車にも 注意しましょう。
② ちこくして、先生に 注意されました。

명 주의〈하다〉
① 차도 자전거도 주의합시다.
② 지각해서 선생님에게 주의를 받았습니다.

👉 ① 조심하다 ② 잘못을 하거나 실수를 하여 야단맞다.

499 **赤ちゃん**
姉に 赤ちゃんが 生まれました。

명 아기
누나 / 언니에게 아기가 태어났습니다.

➕ **ベビー服** 아기 옷 ・ **ベビーカー** 유모차

Section 4

500	**故障〈する〉** こしょう	また 車が 故障しました。
명	고장 < 나다 >	또 차가 고장났습니다.
501	**とちゅう**	空港に 行く とちゅうで 事故を 見ました。
명	도중	공항에 가는 도중에 사고를 보았습니다.
502	**行き** い/ゆ	行きは 道が すいて いました。
명	감 / 가는 (때)	갈 때는 길이 비어 있었습니다.
503	**帰り** かえ	帰りは とても こんで いました。
명	돌아옴 / 돌아오는 (때)	돌아올 때는 매우 붐볐습니다.

➕ 行き帰り 오감 / 왕복

504	**ガソリン**	ガソリンの ねだんが また 上がりました。
명	가솔린 / 휘발유	휘발유 가격이 또 올랐습니다.

➕ ガソリンスタンド 주유소

505	**エンジン**	あの車は エンジンの 音が 大きいです。
명	엔진	저 차는 엔진 소리가 큽니다.
506	**信号** しんごう	信号は まだ 赤です。
명	신호	신호는 아직 빨간색입니다.
507	**やじるし**	美術館では やじるしを 見て、進んで ください。
명	화살표	미술관에서는 화살표를 보고 나아가 주십시오.
508	**キロ**	ここから 彼女の 家まで 2キロ あります。
명	킬로미터	여기서 그녀의 집까지 2 킬로미터 입니다.

👉 이 표현은 킬로미터와 킬로그램의 약어로 사용된다.

Section 5

세계
世界（せかい）

509	人口 (じんこう) 명 인구	日本の 人口は 少なく なって います。 일본의 인구는 적어지고 있습니다.
510	億 (おく) 명 억	世界には 70 億人の 人が 住んで います。 세계에는 70 억명의 사람이 살고 있습니다.
511	経済 (けいざい) 명 경제	アジアの 経済は これから どうなると 思いますか。 아시아 경제는 앞으로 어떻게 될거라고 생각합니까?
512	貿易〈する〉(ぼうえき) 명 무역 <하다>	大学を 卒業して、貿易の 仕事が したいです。 대학을 졸업하고 무역 업무를 하고 싶습니다.
513	ゆしゅつ〈する〉 명 수출 <하다>	日本は 車を たくさん ゆしゅつして います。 일본은 차를 많이 수출하고 있습니다.
514	ゆにゅう〈する〉 명 수입 <하다>	日本は 石油や 原料を ゆにゅうして います。 일본은 석유와 원료를 수입하고 있습니다.
515	原料 (げんりょう) 명 원료	A社は ビールの 原料を ゆにゅうして います。 A사는 맥주 원료를 수입하고 있습니다.
516	石油 (せきゆ) 명 석유	また 石油の ねだんが 上がって います。 다시 석유 가격이 오르고 있습니다.

Section 5

517	**物価** ぶっか	この 国は 物価が 高いです。
명	물가	이 나라는 물가가 비쌉니다.
518	**政治** せいじ	日本の 政治を 勉強して います。
명	정치	일본의 정치를 공부하고 있습니다.

➕ 政治家 정치가 / 정치인

519	**首相** しゅしょう	日本と イギリスの 首相が あいさつしました。
명	수상	일본과 영국 수상이 인사했습니다.
520	**大統領** だいとうりょう	A国の 大統領が 日本へ 来ます。
명	대통령	A 국 대통령이 일본에 옵니다.
521	**平和 〈な〉** へいわ	平和の ために 何が できますか。(名) 平和な 国に 住みたいです。(ナ形)
명 ナ형	평화 < 로운 >	평화를 위해 무엇을 할 수 있습니까? 평화로운 나라에 살고 싶습니다.
522	**戦争** せんそう	戦争が ない 世界が いいです。
명	전쟁	전쟁이 없는 세계가 좋습니다.
523	**文化** ぶんか	外国の 文化を 知りたいです。
명	문화	외국 문화를 알고 싶습니다.
524	**世界遺産** せかいいさん	日本に 世界遺産は いくつ ありますか。
명	세계유산	일본에 세계유산은 몇 개 있습니까?
525	**世紀** せいき	2001年から 21世紀が 始まって います。
명	세기	2001 년부터 21 세기가 시작되었습니다.

Chapter 4

526 時代 (じだい)
今は ロボットが 働く 時代です。
명 시대
지금은 로봇이 일하는 시대입니다.

527 国際 (こくさい)
留学して、国際的な 仕事が したいです。
명 국제
유학하여 국제적인 일을 하고 싶습니다.

➕ **国際結婚** 국제결혼 · **国際電話** 국제전화 · **国際化** 국제화
　こくさいけっこん　　　　こくさいでんわ　　　　　こくさいか

528 世界中 (せかいじゅう)
世界中に 友だちを 作りましょう。
명 전 세계
전 세계에 친구를 만듭시다.

➕ **日本中** 일본 · **一日中** 하루 종일 · **一年中** 일 년 내내 / 일 년 동안
　にほんじゅう　　　いちにちじゅう　　　　いちねんじゅう

이것도 외우자! ❷

🏁 국가·지역 国・地域

アメリカ	미국
アルゼンチン	아르헨티나
イギリス	영국
イスラエル	이스라엘
イタリア	이탈리아
イラン	이란
インド	인도
インドネシア	인도네시아
ウクライナ	우크라이나
エジプト	이집트
オーストラリア	호주
オーストリア	오스트리아
オランダ	네덜란드
カザフスタン	카자흐스탄
カナダ	캐나다
ギリシャ	그리스
シリア	시리아
シンガポール	싱가포르
スウェーデン	스웨덴
スペイン	스페인
タイ	태국
チュニジア	튀니지
チェコ	체코
チリ	칠레
デンマーク	덴마크
ドイツ	독일

トルコ	터키
ニュージーランド	뉴질랜드
ネパール	네팔
ノルウェー	노르웨이
ハンガリー	헝가리
フィリピン	필리핀
フィンランド	핀란드
ブラジル	브라질
フランス	프랑스
ベトナム	베트남
ベルギー	벨기에
ペルー	페루
ポーランド	폴란드
ホンジュラス	온두라스
マカオ	마카오
マレーシア	말레이시아
ミャンマー	미얀마
メキシコ	멕시코
モロッコ	모로코
ルクセンブルク	룩셈부르크
ロシア	러시아
中国（ちゅうごく）	중국
韓国（かんこく）	한국
香港（ほんこん）	홍콩
台湾（たいわん）	대만

東（ひがし）	동	西（にし）	서
南（みなみ）	남	北（きた）	북

N4
Chapter
5
사람과 사람과의 관계

人と 人との 関係
ひと　ひと　　かんけい

		단어 No.
1	커뮤니케이션 コミュニケーション	529 ~ 557
2	연인 恋人 こいびと	558 ~ 578
3	트러블 トラブル	579 ~ 609
4	취미 しゅみ	610 ~ 632
5	스포츠 スポーツ	633 ~ 657

Section 1

커뮤니케이션
コミュニケーション

529	メールアドレス	田中さんの メールアドレスを 知って いますか。
명	메일주소	다나카씨의 메일주소를 알고 있습니까?
530	返事〈する〉	友だちから メールの 返事が なかなか 来ません。
명	답장 < 하다 >	친구로부터 메일 답장이 좀처럼 오지 않습니다.
531	知り合う	彼女とは 友だちの 紹介で 知り合いました。
동	알게 되다	그녀와는 친구 소개로 알게 되었습니다.

➕ 知り合い 지인 / 아는 사람

532	紹介〈する〉	友だちに 彼女を 紹介して もらいました。
명	소개 < 하다 >	친구에게 그녀를 소개받았습니다.

➕ 自己紹介〈する〉 자기소개 < 하다 >

533	合う	その くつは 今日の 服に 合いますね。
동	어울리다	그 구두는 오늘 옷에 어울리네요.
534	相談〈する〉	私は 母に 何でも 相談して います。
명	상담 < 하다 >	저는 어머니에게 무엇이든 상담하고 있습니다.
535	さんせい〈する〉	みんな 彼の 結婚に さんせいして います。
명	찬성 < 하다 >	모두 그의 결혼에 찬성하고 있습니다.
536	反対〈する〉	私の 留学に 家族は 反対して いました。
명	반대 < 하다 >	저의 유학에 가족은 반대하고 있었습니다.

Chapter 5

537	訪ねる たず	中国の 友だちの 家を 訪ねたいです。
동	방문하다	중국 친구의 집을 방문하고 싶습니다.

538	案内〈する〉 あんない	来月、国の 友だちに 東京を 案内します。
명	안내 < 하다 >	다음 달에 고국의 친구에게 도쿄를 안내합니다.

539	あげる	父の日に ネクタイを あげました。
동	드리다	아버지의 날에 넥타이를 드렸습니다.

540	くれる	たんじょう日に 姉は 何も くれませんでした。
동	주다	생일에 누나 / 언니는 아무것도 주지 않았습니다.

541	もらう	この ペンは 友だちに もらいました。
동	받다	이 펜은 친구에게 받았습니다.

542	贈る おく	国に 帰る 友だちに 何を 贈った ら いいですか。
동	선물하다 / 주다	고국에 돌아가는 친구에게 무엇을 선물하면 좋습니까?

➕ プレゼントする 선물하다

👉 プレゼントする 는 물건에만 사용되지만, 贈る는 감사한 마음에도 사용된다.

543	贈り物 おく もの	この ネックレスは 彼からの 贈り物です。
명	선물	이 목걸이는 그가 준 선물입니다.

➕ プレゼント 선물

544	[お] 祝い いわ	友だちに 入学の お祝いを あげました。
명	축하 / 축하선물	친구에게 입학 축하선물을 주었습니다.

➕ お祝いする・祝う 축하하다

Section 1

545	わたす	先生に 花を わたしました。
동	건네주다	선생님께 꽃을 드렸습니다.

546	よろこぶ	母は 私の 贈り物を とても よろこんで くれました。
동	즐거워하다 / 기뻐하다	어머니는 저의 선물을 매우 기뻐해 주었습니다.

➕ よろこび 기쁨 / 경사

547	おかげ	友だちの おかげで 毎日 楽しいです。
명	덕분 / 덕택 / 은혜	친구 덕분에 매일 즐겁습니다.

➕ おかげさまで 덕분에

548	かんしゃ〈する〉	友だちに いつも かんしゃして います。
명	감사 < 하다 >	친구에게 언제나 감사하고 있습니다.

549	お礼〈する〉	先生に お礼の 手紙を 書きました。
명	감사 < 하다 >	선생님께 감사의 편지를 썼습니다.

550	あやまる	自分が 悪いときは あやまりましょう。
동	사과하다	자신이 잘못한 때는 사과합시다.

551	えんりょ〈する〉	えんりょしないで、何でも 言って ください。
명	사양 < 하다 >	사양하지말고 무엇이든 말해 주십시오.

👉 「~はごえんりょください」는 하지 말아달라는 뜻이다

552	気づく	私が 髪を 切ったのに、夫は 気づきませんでした。
동	깨닫다 / 눈치 채다 / 알아차리다	내가 머리를 잘랐는데 남편은 알아차리지 못했습니다.

🟰 気がつく

Chapter 5

553 親友 (しんゆう)
- 명 친한 친구

私には 親友が 3人います。
나에게는 친한 친구가 3명 있습니다.

554 せんぱい
- 명 선배

アルバイトの せんぱいに いつも お世話に なっています。
아르바이트 선배에게 항상 신세지고 있습니다.

↔ こうはい

555 彼ら (かれ)
- 명 그들

A「あの 人たちは？」
B「ああ、彼らは 高校の クラスメートです。」

A 저 사람들은?
B 아~ 그들은 고등학교 반 친구들입니다.

556 みんな
- 명 모두

家族は みんな 元気です。
가족은 모두 건강합니다.

👉 「みなさま」「みなさん」는「みんな」보다 예의바른 표현

557 人気 (にんき)
- 명 인기

マリアさんは みんなに 人気が あります。
마리아씨는 모두에게 인기가 있습니다.

➕ 人気者(にんきもの) 인기 있는 사람

Section 2

연인

恋人（こいびと）

558	デート〈する〉	いそがしくて、デートする 時間が ありません。
명	데이트 < 하다 >	바빠서 데이트할 시간이 없습니다.

559	付き合う	① あの 二人は いつから 付き合って いますか。 ② 明日 買い物に 付き合って ください。
동	사귀다 / 행동을 같이하다	① 저 두사람은 언제부터 사귀고 있습니까? ② 내일 쇼핑에 같이 가 주십시오.

➕ 付き合い 교제 / 관계

👉 ① 교류하다 / 연인이 되다 ② 동행하다 / 함께 가다

560	連れて行く	恋人を 海に 連れて行って あげたいです。
동	데려가다	연인을 바다에 데려가 주고 싶습니다.

561	連れて来る	弟が 女の子を 家に 連れて来ました。
동	데려오다	남동생이 여자 아이를 집에 데려 왔습니다.

562	[お]見合い〈する〉	来週、レストランで お見合いを します。
명	맞선 < 보다 >	다음 주에 레스토랑에서 맞선을 봅니다.

➕ お見合いパーティー 맞선 파티

563	婚約〈する〉	姉が 私の友だちと 婚約しました。
명	혼약 / 약혼 < 하다 >	누나 / 언니가 내 친구와 약혼했습니다.

564	結婚〈する〉	来月、姉が 結婚します。
명	결혼 < 하다 >	다음달에 누나 / 언니가 결혼합니다.

↔ 離婚〈する〉　➕ 結婚式 결혼식・お見合い結婚 중매결혼

Chapter 5

565 知らせる
し
동 알리다

婚約したことを 友だちに 知らせました。
약혼한 것을 친구들에게 알렸습니다.

➕ お知らせ 알림 / 공지

566 合図〈する〉
あいず
명 신호 < 하다 >

二人は 目で 合図を していました。
두 사람은 눈으로 신호를 하고 있었습니다.

567 けんか〈する〉
명 싸움 < 하다 >

あの 二人は いつも けんかして います。
저 두사람은 항상 싸우고 있습니다.

568 うそ
명 거짓말

友だちに うそを ついては いけません。
친구에게 거짓말을 해서는 안됩니다.

➕ うそつき 거짓말쟁이

569 別れる
わか
동 헤어지다

二人は 別れて しまいました。
두사람은 헤어져버렸습니다.

570 じゃま〈な/する〉
명 방해물 / 방해
ナ형 < 되는 / 하다 >

デートに じゃまが 入りました。(名)
この 大きい 荷物は とても じゃまです。(ナ形)
데이트에 방해가 들어왔습니다.
이 큰 짐은 매우 방해가 됩니다.

571 彼
かれ
명 그 / 남자친구

①私の 彼は とても やさしい 人です。
②彼が 田中さんの ご主人ですか。
① 내 남자친구는 매우 자상한 사람입니다.
② 그가 다나카씨의 남편분입니까?

👍 ① 애인 ② 남성 대명사 (저 남자)

572 彼女
かのじょ
명 그녀 / 여자친구

①日本に 来て、彼女が できました。
②彼女の 名前を 知って いますか。
① 일본에 와서 여자친구가 생겼습니다.
② 그녀의 이름을 알고 있습니까?

👍 ① 애인 ② 여성 대명사 (저 여자)

Section 2

573	きみ	彼は 私を「きみ」と よびます。
명	너 / 그대 / 자네	그는 저를 "그대"라고 부릅니다.

👉 누군가를 부를 때「~くん」을 사용한다.

574	ぼく	ぼくは きみが 大好きです。
명	나	나는 그대를 많이 좋아합니다.

575	独身 どくしん	大学の 友だちは まだ みんな 独身です。
명	독신 / 싱글	대학 친구들은 아직 모두 싱글입니다.

= シングル

576	関係 かんけい	あの 二人は どういう 関係ですか。
명	관계	저 두 사람은 어떤 관계입니까?

577	大事な だいじ	彼女は 私の 大事な 人です。
ナ형	중요한 / 소중한	그녀는 저의 소중한 사람입니다.

578	特別な とくべつ	彼女は ぼくにとって 特別な 人です。
ナ형	특별한	그녀는 나에게 특별한 사람입니다.

Section 3

트러블

トラブル

579	困る こま	日本の 生活で 困って いる ことは ありませんか。
동	곤란하다 / 난처하다	일본 생활에서 곤란한 것은 없습니까.

580	わすれ物 もの	電車の あみだなに わすれ物を しました。
명	물건을 (깜박) 잊다	전철의 선반에 물건을 놓고 내렸습니다.

581	なくなる	電子辞書が なくなって しまいました。
동	없어지다	전자사전이 없어져 버렸습니다.

582	なくす	きのう、どこかで さいふを なくしました。
동	잃다	어제 어디선가 지갑을 잃어버렸습니다.

583	落とす お	道で スマホを 落としました。
동	떨어뜨리다	길에서 스마트폰을 떨어뜨렸습니다.

584	落ちる お	荷物が 下に 落ちて しまいました。
동	떨어지다	짐이 아래로 떨어져버렸습니다.

585	こわれる	テレビの リモコンが こわれて しまいました。
동	깨지다 / 고장나다	TV 리모컨이 고장나 버렸습니다.

➕ (〜を) こわす (~을) 파괴하다 / 부수다 / 고장내다

586	直す なお	こわれた エアコンを 直して ください。
동	고치다	고장난 에어컨을 고쳐주십시오.

➕ (〜が) 直る (~이) 고쳐지다

Section 3

587	やぶれる	図書館で 借りた 本が やぶれて いました。
動	찢어지다	도서관에서 빌린 책이 찢어져 있었습니다.

588	やぶる	彼から 来た 手紙を やぶりました。
動	찢다	그에게서 온 편지를 찢었습니다.

589	汚す	買ったばかりの シャツを 汚して しまいました。
動	더럽히다	새로 산 셔츠를 더럽히고 말았습니다.

590	汚れる	テーブルが 少し 汚れて いますね。
動	더럽혀지다	테이블이 조금 더럽혀져 있네요.

➕ 汚れ 오점 / 더러움

591	わる	部長の カップを わって しまいました。
動	깨다 / 깨뜨리다	부장님 컵을 깨뜨려버렸습니다.

592	われる	台風で 家の 窓ガラスが われました。
動	깨지다 / 갈라지다	태풍으로 집 창문 유리가 깨졌습니다.

593	音	外で 大きい 音が します。
名	소리 / 음	밖에서 큰 소리가 납니다.

➕ 声 목소리

594	さわぐ	上の 部屋の 人が 夜中に さわいで います。
動	떠들다 / 시끄러워지다	윗 방 사람이 밤 중에 떠들고 있습니다.

595	うるさい	この アパートは 車の 音が うるさいです。
イ形	시끄럽다	이 아파트는 차 소리가 시끄럽습니다.

➕ にぎやか〈な〉활기참 / 번화〈한〉

Chapter 5

596	どろぼう	きのう、家(いえ)に どろぼうが 入(はい)りました。
명	도둑	어제 집에 도둑이 들어왔습니다.

597	ぬすむ	ダイヤモンドが ぬすまれました。
동	훔치다	다이아몬드를 도둑맞았습니다.

598	つかまえる	母(はは)が どろぼうを つかまえました。
동	붙잡다 / 붙들다	어머니가 도둑을 붙잡았습니다.

599	いじめる	動物(どうぶつ)を いじめないで ください。
동	괴롭히다 / 구박하다	동물을 괴롭히지 마십시오.

➕ いじめ 괴롭힘 **119番** 119번
　　　　　　　　　ひゃくじゅうきゅうばん

600	さわる	この ボタンに さわると、音(おと)が します。
동	만지다	이 버튼을 만지면 소리가 납니다.

601	ふむ	電車(でんしゃ)で となりの 人(ひと)に 足(あし)を ふまれました。
동	밟다 / 발로 밟다	전철에서 옆 사람에게 발을 밟혔습니다.

602	理由(りゆう)	ちこくの 理由(りゆう)は ねぼうです。
명	이유	지각 이유는 늦잠입니다.

603	原因(げんいん)	きのうの けんかの 原因(げんいん)は 何(なん)ですか。
명	원인	어제 싸움 원인은 무엇입니까?

604	110番(ひゃくとおばん)	どろぼうを 見(み)たら、110番(ひゃくとおばん)に 電話(でんわ)します。
명	110번 (한국은 112)	도둑을 보면 110번으로 전화합니다.

➕ **119番** 119번
　ひゃくじゅうきゅうばん

Section 3

605 非常口 (ひじょうぐち)
명 비상구

ホテルの 非常口を かくにんしましょう。
호텔 비상구를 확인합시다.

➕ 非常時 (ひじょうじ) 비상시

606 にげる
동 도망가다

どろぼうは この 窓から にげました。
도둑은 이 창문으로 도망쳤습니다.

607 いやな
ナ형 싫은

会社に いやな せんぱいが います。
회사에 싫은 선배가 있습니다.

608 だめな
ナ형 안 되는

父に ペットは だめだと 言われました。
아버지는 애완동물은 안 된다고 말했습니다.

609 いけない
イ형 좋지 않다 / 나쁘다 / 바람직하지 않다

A「いけない。」
B「どうしたの?」
A「家に さいふを わすれて きちゃった。」

A " 큰일났다."
B " 무슨 일이야?"
A " 집에 지갑을 두고 와버렸어."

Section 4
취미
しゅみ

610	つり	休みの日、よく つりに 行きます。
명	낚시	쉬는 날에 자주 낚시를 갑니다.

➕ つる 낚다 / 잡다

611	山登り(やまのぼ)	ときどき 父と 山登りを します。
명	등산 / 산에 오름	가끔 아버지와 등산을 합니다.

➕ 登山〈する〉 등산〈하다〉

612	キャンプ〈する〉	春に なったら、キャンプに 行きましょう。
명	캠핑〈하다〉	봄이 되면 캠핑 갑시다.

613	まんが	日本の まんがは 海外でも 読まれて います。
명	만화	일본 만화는 해외에서도 읽혀지고 있습니다.

➕ まんが家 만화가

614	アニメ	アニメを 見て、日本が 好きに なりました。
명	애니메이션	애니메이션을 보고 일본을 좋아하게 되었습니다.

615	イラスト	しょうらい イラストの 仕事が したいです。
명	일러스트	장래에 일러스트 일을 하고 싶습니다.

616	ゲーム	夜おそくまで ゲームを していて、ねぼうしました。
명	게임	밤 늦게까지 게임을 하다가 늦잠을 잤습니다.

Section 4

617 茶道(さどう)
명 다도
友だちに 茶道(さどう)を 教(おし)えて もらいました。
친구에게 다도를 배웠습니다.

618 かぶき
명 가부키
一度(いちど)、かぶきを 見(み)に 行(い)きたいです。
한 번 가부키를 보러 가고 싶습니다.

619 おどり
명 춤
世界(せかい)の おどりを 習(なら)って みたいです。
세계의 춤을 배워 보고 싶습니다.

➕ おどる 춤추다・ダンス〈する〉댄스〈하다〉

620 ドラマ
명 드라마
ニュースは 見(み)ませんが、ドラマは よく 見(み)ます。
뉴스는 안보지만 드라마는 자주 봅니다.

621 俳優(はいゆう)
명 배우
好(す)きな 俳優(はいゆう)が 出(で)る 映画(えいが)を 見(み)に 行(い)きます。
좋아하는 배우가 나오는 영화를 보러 갑니다.

➕ 女優(じょゆう) 여배우

622 曲(きょく)
명 노래 / 곡
日本(にほん)の 曲(きょく)を いつも 聞(き)いて います。
일본 노래를 항상 듣고 있습니다.

➕ 歌手(かしゅ) 가수・音楽家(おんがくか) 음악가

623 クラシック
명 클래식
音楽(おんがく)は クラシックが 好(す)きです。
음악은 클래식을 좋아합니다.

624 コンサート
명 콘서트
明日(あした)、コンサートに 行(い)きます。
내일 콘서트에 갑니다.

625 小説(しょうせつ)
명 소설
日本(にほん)の 小説(しょうせつ)を 読(よ)んで みたいです。
일본 소설을 읽어 보고 싶습니다.

➕ 小説家(しょうせつか) 소설가

Chapter 5

626 料理教室（りょうりきょうしつ）
<名> 요리 교실

先月から 料理教室に 通って います。
지난 달부터 요리 교실에 다니고 있습니다.

➕ ピアノ教室 피아노 교실 · 英会話教室 영어 회화 교실

627 コンテスト
<名> 콘테스트 / 경연

作文の コンテストに チャレンジします。
작문 콘테스트에 도전합니다.

628 楽しむ（たの）
<動> 즐기다 / 좋아하다

日本の 生活を 楽しんで います。
일본 생활을 즐기고 있습니다.

629 楽しみ〈な〉（たの）
<名> <ナ形> 즐거움 / 낙 / 기대되는

私には 楽しみが たくさん あります。(名)
お正月に 帰国するのが 楽しみです。(ナ形)
나에게는 즐거움이 많이 있습니다.
설날에 귀국하는 것이 기대됩니다.

630 きょうみ
<名> 흥미

生け花に ずっと きょうみが ありました。
꽃꽂이에 계속 흥미가 있었습니다.

631 録画〈する〉（ろくが）
<名> 녹화<하다>

テレビで 映画を 録画する のを わすれました。
TV에서 영화를 녹화하는 것을 잊었습니다.

➕ 録音〈する〉 녹음<하다>

632 集める（あつ）
<동> 모으다

子どもの とき、切手を 集めて いました。
어릴 때 우표를 모았습니다.

➕ （〜が）集まる 모이다

109

Section 5

스포츠
スポーツ

633 運動〈する〉
うんどう
명 운동〈하다〉

けんこうの ためには 運動が いちばんです。
건강을 위해서는 운동이 제일입니다.

➕ 運動会 운동회

634 走る
はし
동 달리다

毎朝、3キロ 走って います。
매일 아침 3 키로 달리고 있습니다.

635 歩く
ある
동 걷다

毎日、1時間以上 歩きます。
매일 1 시간 이상 걷습니다.

636 ジョギング〈する〉
명 조깅〈하다〉

毎朝、30分 ジョギングを して います。
매일 아침 30 분 조깅을 하고 있습니다.

637 伸ばす
の
동 펴다 / 뻗다

ジョギングの 前に 体を 伸ばしましょう。
조깅 전에 몸을 스트레칭합시다.

➕ (~が) 伸びる (~가) 펴지다 / 자라다

638 試合
しあい
명 시합

もし 雨が 降っても、試合は あります。
만약 비가 내려도 시합은 있습니다.

639 大会
たいかい
명 대회

もうすぐ 柔道の 大会が あります。
이제 곧 유도 대회가 있습니다.

Chapter 5

640	ワールドカップ	<u>ワールドカップ</u>で 優勝したいです。
명	월드컵	월드컵에서 우승하고 싶습니다.
641	行う _{おこな}	１９９８年に 日本で 冬の オリンピックが <u>行われ</u>ました。
동	실시하다	1998년에 일본에서 동계 올림픽이 실시되었습니다.
642	中止〈する〉 _{ちゅうし}	台風が 来たら、試合は <u>中止する</u>そうです。
명	중지 < 하다 >	태풍이 오면 시합은 중지한다고 합니다.
643	選手 _{せんしゅ}	しょうらい、オリンピックの <u>選手</u>に なりたいです。
명	선수	장래에 올림픽 선수가 되고 싶습니다.
644	チーム	大好きな <u>チーム</u>が 負けて しまいました。
명	팀	아주 좋아하는 팀이 지고 말았습니다.
645	勝つ _か	きのうの ゲームは 日本が <u>勝ち</u>ました。
동	이기다 / 승리하다	어제 게임은 일본이 이겼습니다.
646	優勝〈する〉 _{ゆうしょう}	テニスの 大会で <u>優勝し</u>ました。
명	우승 < 하다 >	테니스 대회에서 우승했습니다.
647	負ける _ま	もし <u>負けて</u>も、また 次が あります。
동	지다 / 패배하다	만약 지더라도 또 다음이 있습니다.
648	おうえん〈する〉	好きな チームを <u>おうえん</u>します。
명	응원 < 하다 >	좋아하는 팀을 응원합니다.

Section 5

649	コース	私の ジョギングの コースは 5キロです。
名	코스	저의 조깅 코스는 5 키로입니다.

650	会場 (かいじょう)	剣道の 会場は こちらです。
名	회장	검도 회장은 이쪽입니다.

651	スタート〈する〉	選手が いっしょに スタートしました。
名	출발 < 하다 >	선수가 함께 출발했습니다.

↔ ゴール〈する〉

652	失敗〈する〉(しっぱい)	もし 失敗しても、また がんばれば いいです。
名	실패 < 하다 >	만약 실패해도 또 열심히 하면 됩니다.

653	柔道 (じゅうどう)	柔道は 日本で 生まれた スポーツです。
名	유도	유도는 일본에서 태어난 스포츠입니다.

➕ 剣道 검도・すもう 스모

654	水泳 (すいえい)	子どもの とき、水泳が きらいでした。
名	수영	어릴 때 수영을 싫어했습니다.

655	野球 (やきゅう)	野球は 日本で 人気の スポーツです。
名	야구	야구는 일본에서 인기 스포츠입니다.

➕ プロ野球 프로야구・高校野球 고교야구

656	投げる (な)	彼が 投げる ボールは とても 速いです。
動	던지다	그가 던지는 공은 매우 빠릅니다.

Chapter 5

657 □	スポーツクラブ	うちの 近くの スポーツクラブは 安くて 便利です。
명	스포츠 클럽	우리 집 근처의 스포츠 클럽은 저렴하고 편리합니다.

➕ **スポーツジム** 스포츠짐

이것도 외우자! ❸

⚽ 스포츠　スポーツ

クリケット	크리켓
バスケットボール	농구
バレーボール	배구
バドミントン	배드민턴
ピンポン（たっきゅう）	탁구
マラソン	마라톤
ラグビー	럭비
水泳(すいえい)	수영
スケート	스케이팅
スキー	스키

N4
Chapter
6
건강과 상태
けんこうと ようす

		단어 No.
1	몸·건강 体・けんこう からだ	658 ~ 691
2	병·부상 病気・けが びょうき	692 ~ 716
3	패션 ファッション	717 ~ 734
4	상태① ようす①	735 ~ 750
5	상태② ようす②	751 ~ 781

Section 1

몸・건강

体（からだ）・けんこう

658	髪 かみ	山田さんは 髪が 長いです。
명	머리 / 머리카락	야마다씨는 머리가 깁니다.

= 髪の毛 (かみのけ)

659	おでこ	熱が ある とき、おでこを 冷やします。
명	이마	열이 있을 때 이마를 식힙니다.

= ひたい

660	あご	ガムを かむのは あごに いいそうです。
명	뺨 / 턱	껌을 씹는 것은 턱에 좋다고 합니다.

661	ひげ	父は 若い とき、ひげが ありました。
명	수염	아버지는 젊었을 때 수염이 있었습니다.

+ あごひげ 턱수염

662	くちびる	彼女の くちびるは とても かわいいです。
명	입술	그녀의 입술은 정말 귀엽습니다.

663	首 くび	朝 起きたら、首が 痛かったです。
명	목	아침에 일어나니 목이 아팠습니다.

664	のど	のどに いい 薬は ありますか。
명	목구멍 / 목	목에 좋은 약이 있습니까?

665	肩 かた	肩が 痛いです。
명	어깨	어깨가 아픕니다.

Chapter 6

666	うで	うでを 回して ください。
명	팔	팔을 돌려주십시오.

667	ひじ	右の ひじが 赤く なって います。
명	팔꿈치	오른쪽 팔꿈치가 빨개졌습니다.

668	背中(せなか)	背中を まっすぐに して ください。
명	등	등을 똑바로 펴 주십시오.

669	胃(い)	ごはんを 食べすぎて、胃が 痛いです。
명	위	밥을 너무 많이 먹어서 위가 아픕니다.

670	こし	こしが 痛くて、歩けません。
명	허리	허리가 아파서 걸을 수 없습니다.

671	ひざ	走ったら、ひざの 調子が 悪く なりました。
명	무릎	뛰었더니 무릎 상태가 나빠졌습니다.

672	[お]しり	ずっと 座って いたので、おしりが 痛いです。
명	엉덩이	계속 앉아 있었더니 엉덩이가 아픕니다.

673	指(ゆび)	バレーボールで 指の 骨を 折りました。
명	손가락	배구하다가 손가락 뼈가 부러졌습니다.

➕ **親指**(おやゆび) 엄지・**人さし指**(ひとゆび) 검지・**中指**(なかゆび) 중지・**くすり指**(ゆび) 약지・**小指**(こゆび) 새끼손가락

674	つめ	毎日、つめを きれいに みがきます。
명	손톱	매일 손톱을 깨끗하게 다듬습니다.

675	骨(ほね)	カルシウムは 骨に いいそうです。
명	뼈	칼슘은 뼈에 좋다고 합니다.

Section 1

676	血 ち	すべって、足から血が出ました。
명	피	미끄러져서 발에서 피가 났습니다.

677	力 ちから	私より 妹の ほうが 力が あります。
명	힘	나보다 누나 / 언니가 힘이 있습니다.

➕ 体力 체력

678	身長 しんちょう	1年で 身長が 10センチも 高く なりました。
명	신장 / 키	1년에 키가 10센치나 컸습니다.

679	体重 たいじゅう	毎日、体重を チェックして います。
명	체중	매일 체중을 체크하고 있습니다.

➕ 体重計 체중계

680	女性 じょせい	私が 行く 病院の 先生は 女性です。
명	여성 / 여자	내가 가는 병원의 선생님은 여성입니다.

681	男性 だんせい	男性の トイレは 2階に あります。
명	남성 / 남자	남성 화장실은 2층에 있습니다.

682	けんこう〈な〉	けんこうの ために 野菜を 食べています。(名) けんこうな 体を つくろう。(ナ形)
명 ナ형	건강 <한>	건강을 위해서 야채를 먹고 있습니다. 건강한 몸을 만들자.

➕ けんこう診断 건강진단

683	じょうぶな	運動したら、体が じょうぶに なりました。
ナ형	건강한 / 튼튼한	운동했더니 몸이 튼튼해졌습니다.

Chapter 6

684	ビタミン	この 食事は ビタミンが 足りません。
명	비타민	이 식사는 비타민이 부족합니다.
		➕ ビタミンA 비타민 A・ビタミンC 비타민 C

685	太る	寝る前に 食べたので、太って しまいました。
동	살이 찌다	자기 전에 먹어서 살이 찌고 말았습니다.

686	やせる	運動しても、なかなか やせません。
동	살이 빠지다	운동해도 좀처럼 살이 빠지지 않습니다.

687	ダイエット〈する〉	むりな ダイエットは やめましょう。
명	다이어트〈하다〉	무리한 다이어트는 삼가합시다.

688	やめる	父は 先月から たばこを やめました。
동	그만두다	아버지는 지난 달부터 담배를 끊었습니다.

689	気をつける	けんこうに 気をつけましょう。
동	주의하다	건강에 주의합시다.

690	(のどが)かわく	とても のどが かわきました。
동	(목이) 마르다	몹시 목이 말랐습니다.
		➕ からから 바짝바짝 / 몹시 목이 마른 모양

691	(おなかが)すく	スポーツを すると、おなかが すきます。
동	(배가) 고프다	스포츠를 하면 배가 고픕니다.
		➕ ぺこぺこ 몹시 배가 고픈 모양

Section 2

병·부상

病気(びょうき)・けが

692 명	インフルエンザ 인플루엔자 / 독감	インフルエンザで 5日間(いつかかん) 学校(がっこう)を 休(やす)みました。 독감으로 5일간 학교를 쉬었습니다.
693 동	かぜをひく 감기에 걸리다	子(こ)どもの とき、よく かぜを ひきました。 어릴 때 자주 감기에 걸렸습니다.
694 명	熱(ねつ) 열	39度(さんじゅうくど)も 熱(ねつ)が 出(で)て、学校(がっこう)へ 行(い)けません。 39도나 열이 나서 학교에 가지 못합니다.
695 명	体温計(たいおんけい) 체온계	体温計(たいおんけい)で 熱(ねつ)を はかります。 체온계로 열을 잽니다.
696 명	やけど〈する〉 화상 < 입다 >	やかんの おゆで やけどしました。 주전자의 뜨거운 물에 화상을 입었습니다.
697 명	けが〈する〉 부상 < 입다 >	サッカーで ひざに けがを しました。 축구하다가 무릎에 부상을 입었습니다.
698 명	きず 상처	この きずは すぐ よく なるでしょう。 이 상처는 바로 나을 겁니다.
699 명	調子(ちょうし) 상태	胃(い)の 調子(ちょうし)が 悪(わる)かったので、薬(くすり)を 飲(の)みました。 위 상태가 안좋아서 약을 먹었습니다.
700 イ형	おかしい 이상한	おなかの 調子(ちょうし)が おかしいので、学校(がっこう)を 休(やす)みます。 뱃 속 상태가 이상해서 학교를 쉽니다.

➕ (調子(ちょうし)が) へんな (상태가) 이상한

Chapter 6

701	**具合**(ぐあい)	きのうから 体の 具合が よくないです。
명	상태	어제부터 몸 상태가 좋지 않습니다.

702	**気持ちが悪い**(きもちがわるい)	お酒を 飲みすぎて、気持ちが 悪いです。
イ형	속이 안좋다	술을 너무 많이 마셔서 속이 안좋습니다.

👉 토하고 싶은 느낌이 있을 때, 불쾌하거나 역겨운 것을 볼 때도 사용한다.

703	**倒れる**(たおれる)	① 地震で 家が 倒れました。 ② きのうの 夜、祖母が 倒れました。
동	무너지다 / 쓰러지다	① 지진으로 집이 무너졌습니다. ② 어젯밤에 할머니가 쓰러졌습니다.

➕ (〜を) 倒す 쓰러뜨리다 / 넘어뜨리다

👉 ① 무너지다 ② 병에 걸리다 / 병으로 쓰러지다

704	**診る**(みる)	いつも 近所の お医者さんに 診て もらいます。
동	보다 / 진찰하다	항상 근처의 의사선생님에게 진찰을 받습니다.

➕ **保険証**(ほけんしょう) 보험증

705	**(よこに) なる**	医者「では、そちらに よこに なって ください。」
동	(옆으로) 눕다	의사 "그러면 저쪽에 누워 주십시오."

706	**ぬる**	1日に 3回、きずに 薬を ぬります。
동	바르다	하루에 3번 상처에 약을 바릅니다.

707	**治す**(なおす)	早く 寝て、かぜを 治して ください。
동	고치다 / 치료하다	일찍 자서 감기를 낫도록 하십시오.

708	**治る**(なおる)	薬を 飲んだら、かぜが 治りました。
동	낫다 / 치료되다	약을 먹었더니 감기가 나았습니다.

➕ よくなる 좋아지다

Section 2

709	入院〈する〉 にゅういん	足の けがで 入院しました。 あし にゅういん
명	입원 < 하다 >	다리 부상으로 입원했습니다.

710	退院〈する〉 たいいん	病気が 治ったので、明日 退院します。 びょうき なお あした たいいん
명	퇴원 < 하다 >	병이 나아서 내일 퇴원합니다.

711	[お] 見まい み	友だちの お見まいに 行きました。 とも み い
명	병문안	친구 병문안을 갔습니다.

712	生きる い	100 さいまで 生きたいです。 ひゃく い
동	살다	100 세까지 살고 싶습니다.

713	亡くなる な	となりの 家の おばあさんが 亡くなりました。 いえ な
동	죽다 / 돌아가다	옆 집 할머니가 돌아가셨습니다.

🟰 死ぬ ➕ そう式 장례식
し しき

👉 「死ぬ」는 조금 직접적이므로 「亡くなる」를 사용하는 것이 좋다.

714	救急車 きゅうきゅうしゃ	１１９番で 救急車を よびます。 ひゃくじゅうきゅう ばん きゅうきゅうしゃ
명	구급차	119 번으로 구급차를 부릅니다.

➕ パトカー 경찰차

👉 119 는 「いちいちきゅう」라고도 부른다.

715	歯医者 は いしゃ	子どもが 歯医者で 泣いて います。 こ は いしゃ な
명	치과 의사 / 치과	아이가 치과에서 울고 있습니다.

716	看護師 かんごし	姉は 看護師を して います。 あね かんごし
명	간호사	누나 / 언니는 간호사를 하고 있습니다.

Section 3

패션

ファッション

717	スーツ	毎日、スーツを 着て、会社に 行きます。
명	슈트	매일 슈트를 입고 회사에 갑니다.

718	着物(きもの)	成人式には たくさんの 人が 着物を 着ます。
명	기모노	성인식에는 많은 사람이 기모노를 입습니다.

719	くつ下(した)	冬は くつ下を はいて 寝ます。
명	양말	겨울에는 양말을 신고 잡니다.

➡ ソックス

720	下着(したぎ)	旅行の バッグに 下着を 入れました。
명	속옷	여행 가방에 속옷을 넣습니다.

721	手ぶくろ(て)	冬は 手ぶくろを して、出かけます。
명	장갑	겨울에는 장갑을 끼고 외출합니다.

➕ マフラー 목도리 / 스카프

722	指輪(ゆびわ)	これは 母から もらった 指輪です。
명	반지	이것은 어머니에게 받은 반지입니다.

➕ 婚約指輪(こんやくゆびわ) 약혼반지 · 結婚指輪(けっこんゆびわ) 결혼반지

723	サンダル	歩きやすい サンダルを さがして います。
명	샌달	걷기 편한 샌달을 찾고 있습니다.

➕ ブーツ 부츠

Section 3

724	リュック	この リュックには 教科書が たくさん 入って います。
명	백팩 / 배낭	이 백팩에는 교과서가 많이 들어 있습니다.
725	アクセサリー	仕事の ときは アクセサリーを しません。
명	액세서리	일할 때는 액세서리를 하지 않습니다.
726	ポケット	この バッグは ポケットが 多いです。
명	주머니	이 가방은 주머니가 많습니다.
727	ひも	この くつの ひもは きれいです。
명	끈	이 신발의 끈은 깨끗합니다.
728	髪型(かみがた)	どんな 髪型が 好きですか。
명	헤어스타일	어떤 헤어스타일을 좋아합니까?

= ヘアスタイル ➕ ショート(ヘア) 숏(헤어)・ロング(ヘア) 롱(헤어)・パーマ 펌

729	美容院(びよういん)	あの 美容院は とても 高いです。
명	미용실	저 미용실은 매우 비쌉니다.

👉 명확히 발음하여 「病院」과 구별되도록 한다.

730	カット〈する〉	いつも あの 美容院で カットして います。
명	커트 〈하다〉	항상 저 미용실에서 커트하고 있습니다.
731	かがみ	出かける前に かがみで チェックします。
명	거울	외출하기 전에 거울로 체크합니다.
732	かっこいい	かっこいい ヘアスタイルに したいです。
イ형	멋있다	멋진 헤어스타일로 하고 싶습니다.

Chapter 6

733	かわいい	妹は かわいい 服が 大好きです。
イ형	귀여운	여동생은 귀여운 옷을 매우 좋아합니다.
734	ちょうどいい	この バッグは ちょうどいい サイズです。
イ형	적당하다 / 알맞다	이 가방은 적당한 사이즈입니다.

Section 4

상태 ① 명사·ナ형용사
ようす① 名詞・ナ形容詞

735	**ようす** 명 모양 / 상태 / 상황	暗くて、外の <u>ようす</u>が よく わかりません。 어두워서 바깥 상황을 잘 모르겠습니다.
736	**形**(かたち) 명 모양	この クッキーは 星の <u>形</u>です。 이 쿠키는 별 모양입니다.
737	**倍**(ばい) 명 ~배	これは あのケーキの 2<u>倍</u>の ねだんです。 이것은 저 케이크의 2배 가격입니다.
738	**以上**(いじょう) 명 이상	夏は 30度<u>以上</u>の 日が 何日も あります。 여름에는 30도 이상인 날이 며칠이나 있습니다.

👉「以上です」는 발표의 마지막에 "발표를 마치겠습니다"라는 의미로도 사용된다.

739	**以下**(いか) 명 이하	漢字の テストは いつも 50点<u>以下</u>です。 한자 시험은 항상 50점 이하입니다.
740	**以内**(いない) 명 이내	2万円<u>以内</u>の 時計を 買いたいです。 2만엔 이내의 시계를 사고 싶습니다.
741	**以外**(いがい) 명 이외	来週の 旅行は 兄<u>以外</u> みんな 行けます。 다음주 여행은 형/오빠 이외에 모두 갈 수 있습니다.
742	**両方**(りょうほう) 명 양쪽	この 赤と 青の シャツを <u>両方</u> 買いました。 이 빨강과 파랑 셔츠를 양쪽 모두 샀습니다.

↔ **片方**(かたほう) ➕ **どちらも** 모두 / 어느 쪽이나

Chapter 6

743	ひま〈な〉	いそがしくて、遊ぶ ひまが ありません。(名) ひまな ときは 本を 読んで います。(ナ形)
명 ナ形	한가 < 한 >	바빠서 놀 여유가 없습니다. 한가할 때는 책을 읽고 있습니다.

744	ふつう〈な〉	ふつうの 毎日が 楽しいです。(名) あの 店は 料理も サービスも ふつうです。(ナ形)
명 ナ형	평범 < 한 >/ 보통	평범한 매일이 즐겁습니다. 저 가게는 요리도 서비스도 보통입니다.

745	自由〈な〉	おとなに なったら、自由が ほしいです。(名) 日本の 生活は とても 自由です。(ナ形)
명 ナ形	자유 < 로운 >	성인이 되면 자유를 갖고 싶습니다. 일본 생활은 매우 자유롭습니다.

746	ていねいな	先生から ていねいな メールを いただきました。
ナ形	친절한 / 정중한 / 공손한 / 정성스런	선생님에게 정성스런 메일을 받았습니다.

747	大きな	家の 前に 大きな 木が あります。
연체	큰	집 앞에 커다란 나무가 있습니다.

= 大きい

👍 イ형용사의 특별한 ナ형용사 형태

748	小さな	庭に 小さな 花が 咲いて います。
연체	작은	정원에 작은 꽃이 피어 있습니다.

= 小さい

👍 イ형용사의 특별한 ナ형용사 형태

Section 4

749 へんな

ナ형 이상한

妹は へんな ファッションが 好きです。

여동생은 이상한 패션을 좋아합니다.

750 じゅうぶんな

ナ형 충분한

これが できたら、N4の 勉強は じゅうぶんです。

이것을 할 수 있으면 N4 공부는 충분합니다.

↔ 足りない

Section 5

상태② イ形容詞・동사

ようす② イ形容詞・動詞

751	美しい	こんなに 美しい 景色を 見たことが ありません。
イ형	아름답다	이렇게 아름다운 경치를 본 적이 없습니다.

752	きたない	兄の 部屋は とても きたないです。
イ형	더럽다 / 지저분하다	형 / 오빠 방은 매우 지저분합니다.

↔ きれいな

753	うまい	彼は サッカーも 野球も とても うまいです。
イ형	잘 하다	그는 축구도 야구도 매우 잘 합니다.

= 上手な

👉 이 표현은 "(이 음식이) 맛있다"라고도 사용된다.

754	やわらかい	新しい ソファーは とても やわらかいです。
イ형	부드럽다	새 소파는 매우 부드럽습니다.

755	かたい	この パンは かたいですが、おいしいです。
イ형	딱딱하다	이 빵은 딱딱하지만 맛있습니다.

756	くわしい	この 辞書の 説明は くわしいです。
イ형	상세하다	이 사전의 설명은 상세합니다.

757	細かい	玉ねぎを 細かく 切って ください。
イ형	잘다	양파를 잘게 썰어주십시오.

758	怖い	この 道は 夜に なると、暗くて 怖いです。
イ형	무서운	이 길은 밤이 되면 어두워서 무섭습니다.

Section 5

759	**すごい** イ형 대단하다	きのうの 夜は <u>すごい</u> 雨でした。 어젯밤은 대단한 비였습니다.
760	**すばらしい** イ형 훌륭하다 / 굉장하다	留学で <u>すばらしい</u> 経験が できました。 유학으로 굉장한 경험을 할 수 있었습니다.
761	**正しい** イ형 옳다 / 바르다 / 맞다	この 答えが <u>正しい</u> かどうか わかりません。 이 답이 맞는지 어떤지 모르겠습니다.
762	**ひどい** イ형 심하다	きのうの テストは <u>ひどい</u> 点でした。 어제 시험은 아주 나쁜 점수였습니다.
763	**太い** イ형 굵다	この 大根は とても <u>太い</u> です。 이 무는 매우 굵습니다.
764	**細い** イ형 가늘다	彼女は 足が とても <u>細い</u> です。 그녀는 다리가 매우 가늡니다.
765	**厚い** イ형 두꺼운	寒いので、<u>厚い</u> コートが ほしいです。 추우니까 두꺼운 코트가 있으면 좋겠습니다. ↔ うすい（本）
766	**あさい** イ형 얕다	この 川は <u>あさい</u> ので、子どもも 遊べます。 이 강은 얕아서 아이들도 놀 수 있습니다.
767	**ふかい** イ형 깊다	この プールの 真ん中は とても <u>ふかい</u> です。 이 수영장의 한가운데는 매우 깊습니다.
768	**眠い** イ형 졸리다	おなかが いっぱいで、ちょっと <u>眠い</u> です。 배가 불러서 조금 졸립니다.

Chapter 6

769	めずらしい	こんなに 大きな ダイヤは めずらしいです。
イ형	드물다 / 희귀하다	이렇게 큰 다이아는 드뭅니다.
770	ふえる	この店は 外国の お客さんが とても ふえて います。
동	늘다 / 증가하다	이 가게는 외국 고객이 매우 늘었습니다.
771	ふやす	アルバイトを して、貯金を ふやしたいです。
동	늘리다 / 증가시키다	아르바이트를 해서 저금을 늘리고 싶습니다.
772	へる	日本では 人口が へって います。
동	줄다 / 감소하다	일본에서는 인구가 감소하고 있습니다.
773	へらす	運動をして、体重を へらしました。
동	줄이다 / 감소시키다	운동을 해서 체중을 줄였습니다.
774	ちがう	姉と 私は 大学が ちがいます。
동	다르다	누나 / 언니와 나는 대학이 다릅니다.

➕ **ちがい** 다름 / 차이

775	変える	春に なったら、髪型を 変えます。
동	바꾸다	봄이 되면 헤어스타일을 바꿉니다.
776	変わる	髪を 切ったら、気分が 変わりました。
동	바뀌다 / 변하다	머리를 잘랐더니 기분이 바뀌었습니다.
777	見える	窓から 富士山が きれいに 見えます。
동	보이다	창문에서 후지산이 깨끗하게 보입니다.
778	聞こえる	近所から 子どもの 声が 聞こえます。
동	들리다	근처에서 아이들 목소리가 들립니다.

Section 5

779	空く あ	この ホテルは 人気が あって、 部屋が 空いて いません。
동	비다	이 호텔은 인기가 있어서 방이 비어있지 않습니다.
780	はずれる	シャツの ボタンが はずれて います。
동	빠지다 / 풀어지다	셔츠 단추가 풀어져 있습니다.
	✚ (〜を)はずす (〜을) 떼다 / 빼다 / 벗기다	
781	切れる き	弟の くつの ひもが 切れました。
동	끊어지다	남동생의 신발 끈이 끊어졌습니다.

Chapter 6

이것도 외우자! ❹

색 色(いろ)

白(しろ)	흰색 / 하얀색
赤(あか)	빨강
青(あお)	파랑
黒(くろ)	검정
緑(色)(みどりいろ)	초록
紺(色)(こんいろ)	곤색 / 남색
黄色(きいろ)	노란색
茶色(ちゃいろ)	갈색
金色(きんいろ)	금색
銀色(ぎんいろ)	은색
水色(みずいろ)	물색 / 엷은 남빛
ピンク	분홍 / 핑크
グレー	회색 / 그레이
ブルー	블루
グリーン	그린
オレンジ	오렌지
シルバー	실버
ベージュ	베이지

상태 ようす

大(おお)きさ	크기
長(なが)さ	길이
高(たか)さ	높이
早(はや)さ	속도
強(つよ)さ	강도
広(ひろ)さ	넓이
重(おも)さ	무게
やさしさ	친절함
おいしさ	맛있음
美(うつく)しさ	아름다움
便利(べんり)さ	편리함
よさ	좋음

N4
Chapter
7

언제?
어디서?

いつ？
どこで？

단어 No.

1	뉴스 ニュース	782 ~ 799
2	약속 約束 やくそく	800 ~ 815
3	기분 気持ち きも	816 ~ 840
4	부사도 외우자① 副詞もおぼえよう！① ふくし	841 ~ 862
5	부사도 외우자② 副詞もおぼえよう！② ふくし	863 ~ 885
6	접속사도 외우자 接続詞もおぼえよう！ せつぞくし	886 ~ 894

Section 1

뉴스
ニュース

782	**新聞社** しんぶんしゃ 명 신문사	来月から 東京の 新聞社で 働きます。 다음달부터 도쿄의 신문사에서 일합니다.
783	**テレビ局** きょく 명 TV 방송국	テレビ局の 試験を 受けたいです。 TV 방송국의 시험을 보고 싶습니다.
		➕ ラジオ局 라디오 방송국
784	**番組** ばんぐみ 명 프로그램	どんな 番組を よく 見て いますか。 어떤 프로그램을 자주 보고 있습니까?
		➕ ニュース番組 뉴스 프로그램・スポーツ番組 스포츠 프로그램
785	**ネットニュース** 명 인터넷 뉴스	毎日、ネットニュースを 読んで います。 매일 인터넷 뉴스를 읽고 있습니다.
786	**情報** じょうほう 명 정보	インターネットで 世界の 情報が すぐ わかります。 인터넷으로 세계의 정보를 바로 알 수 있습니다.
		➕ 情報番組 정보 방송
787	**データ** 명 데이터	世界の データを 集めました。 세계의 데이터를 모았습니다.
788	**キーワード** 명 키워드	ニュースの キーワードを メモしましょう。 뉴스의 키워드를 메모합시다.

Chapter 7

789 放送〈する〉 ほうそう
この 番組は 海外でも 放送されて います。
명 방송 < 하다 >
이 프로그램은 해외에서도 방송되고 있습니다.

➕ ライブ 라이브 · 生放送 생방송

790 伝える つた
むずかしい ニュースを やさしく 伝えます。
동 전하다
어려운 뉴스를 쉽게 전달합니다.

791 火事 かじ
駅の 近くで 火事が ありました。
명 화재
역 근처에서 화재가 있었습니다.

792 (事故が)起こる じこ お
この 道では よく 事故が 起こります。
동 (사고가) 발생하다
이 도로에서는 자주 사고가 발생합니다.

🟰 (事故が) 起きる

793 発見〈する〉 はっけん
小学生が 新しい 星を 発見しました。
명 발견 < 하다 >
초등학생이 새로운 별을 발견했습니다.

794 見つかる み
電車に わすれた 書類が 見つかりました。
동 발견되다
전철에서 잃어버린 서류가 발견되었습니다.

795 見つける み
いなくなった 犬を 公園で 見つけました。
동 발견하다 / 찾다
없어졌던 개를 공원에서 찾았습니다.

796 発表〈する〉 はっぴょう
大好きな 作家が 新しい 小説を 発表しました。
명 발표 < 하다 >
아주 좋아하는 작가가 새 소설을 발표했습니다.

797 スピーチ〈する〉
大統領の スピーチは すばらしかったです。
명 스피치 / 연설 < 하다 >
대통령의 연설은 훌륭했습니다.

➕ スピーチ大会 스피치 대회 · スピーチコンテスト 스피치 콘테스트

Section 1

798	つづく	雨(あめ)の 日(ひ)が 2週間(にしゅうかん)も <u>つづいて</u> います。
동	계속되다	비 오는 날이 2주일이나 계속되고 있습니다.
799	つづける	これからも 日本語(にほんご)の 勉強(べんきょう)を <u>つづける</u>つもりです。
동	계속하다	앞으로도 일본어 공부를 계속할 생각입니다.

Section 2

약속

約束 (やくそく)

800	**約束〈する〉** やくそく	友だちと 遊びに 行く <u>約束</u>を しました。
명	약속<하다>	친구와 놀러 가는 약속을 했습니다.
801	**(約束を) 守る** やくそく まも	約束は <u>守ら</u>なければ なりません。
동	(약속을) 지키다	약속은 지키지 않으면 안됩니다.
802	**(約束を) やぶる** やくそく	約束を <u>やぶる</u>のは よくないですよ。
동	(약속을) 어기다	약속을 어기는 것은 좋지 않아요.
803	**間に合う** ま あ	タクシーに 乗っても、コンサートに <u>間に合い</u>ません。
동	제 시간에 도착하다	택시를 타도 콘서트에 제 시간에 도착하지 못합니다.
804	**おくれる**	デートに 1時間も <u>おくれ</u>ました。
동	늦다	데이트에 1시간이나 늦었습니다.
805	**キャンセル〈する〉**	台風で 旅行を <u>キャンセルし</u>ました。
명	취소<하다>	태풍으로 여행을 취소했습니다.
806	**わけ**	どうして 妹が 泣いて いるのか、<u>わけ</u>が わかりません。
명	이유	왜 여동생이 울고 있는지 이유를 모릅니다.

Section 2

807	さそう	パーティーに マリアさんも <u>さそい</u>ましょう。
동	초대하다	파티에 마리아씨도 초대합시다.

➕ さそい 초대

808	れんらく〈する〉	パーティーの 時間を みんなに <u>れんらくし</u>ます。
명	연락 ⟨하다⟩	파티 시간을 모두에게 연락합니다.

809	(電話が) ある	国の 友だちから 電話が <u>あり</u>ました。
동	(전화가) 오다	고국의 친구로부터 전화가 왔습니다.

810	食事〈する〉	来週 みんなで <u>食事し</u>ましょう。
명	식사 ⟨하다⟩	다음주에 다 같이 식사합시다.

811	参加〈する〉	来週の 社員旅行に <u>参加し</u>ます。
명	참가 ⟨하다⟩	다음주 사원여행에 참가합니다.

➕ 参加者 참가자

812	都合	来週の みなさんの <u>都合</u>を 教えて ください。
명	형편 / 사정	다음주 여러분의 사정을 알려주십시오.

813	予定	連休には 北海道を 旅行する <u>予定</u>です。
명	예정	연휴에는 홋카이도를 여행할 예정입니다.

➕ 予定表 예정표

814	相手	さっきの 電話の <u>相手</u>は 母です。
명	상대	좀 전의 전화 상대는 어머니입니다.

➕ 遊び相手 놀이 상대 · 話し相手 이야기 상대 · 相談相手 상담 상대

Chapter 7

815 **機会**
きかい

このごろ、お酒を 飲む 機会が ふえました。

명 **기회**

요즘 술 마실 기회가 늘었습니다.

= チャンス

Section 3

기분

気持ち（きもち）

816 イ형	うれしい 기쁘다	彼に 指輪を もらって、とても うれしいです。 그에게 반지를 받아서 매우 기쁩니다.
817 동	笑う 웃다	いつも 笑って いれば、いいことが ありますよ。 항상 웃고 있으면 좋은 일이 생겨요.

➕ 笑い声 웃음 소리・笑顔 웃는 얼굴 / 미소

818 명/ナ형	しあわせ〈な〉 행복 <한>	しあわせは どんな 色だと 思いますか。(名) 家族 みんな、けんこうで しあわせです。(ナ形) 행복은 어떤 색이라고 생각합니까? 가족 모두 건강해서 행복합니다.
819 ナ형	楽な らく 편하다	家で 休むのに 楽な いすが ほしいです。 집에서 쉬는 데 편한 의자를 갖고 싶습니다.
820 명/ナ형	安心〈な / する〉 あんしん 안심 < 되는 / 하다 >	なくした さいふが 見つかって、 安心しました。(名) 友だちが 近くに 住んで いれば、 安心です。(ナ形) 잃어버린 지갑이 발견되어서 안심했습니다. 친구가 가까이에 살고 있으면 안심됩니다.
821 동	信じる しん 믿다	彼の ことばを 信じて います。 그의 말을 믿고 있습니다.
822 동	祈る いの 바라다 / 빌다	世界の 平和を 祈って います。 세계의 평화를 기원하고 있습니다.

➕ 祈り 기도

Chapter 7

823	かなしい	友だちが 帰国して、とても かなしいです。
イ形	슬프다	친구가 귀국해서 매우 슬픕니다.

824	さびしい	日本へ 来てから 1か月くらい とても さびしかったです。
イ形	외롭다	일본에 오고나서 1개월 정도 몹시 외로웠습니다.

825	泣く	電車で 赤ちゃんが 泣いて いました。
動	울다	전철에서 아기가 울고 있었습니다.

826	なみだ	動物の 映画を 見て、なみだが 出ました。
名	눈물	동물 영화를 보고 눈물이 났습니다.

827	心配〈な/する〉しんぱい	何も 心配しなくて いいですよ。(名) 試験に 合格できるかどうか、とても 心配です。(ナ形)
名 ナ形	걱정〈되는/하다〉	아무것도 걱정하지 않아도 되요. 시험에 합격할 수 있을지 몹시 걱정입니다.

828	つまらない	その 映画は つまらなかったです。
イ形	지루하다 / 재미없다	저 영화는 지루했습니다.

829	がっかり〈する〉	好きだった 俳優が 結婚して、がっかりしました。
副	실망〈하다〉	좋아했던 배우가 결혼해서 실망했습니다.

830	あきらめる	何でも かんたんに あきらめては いけません。
動	포기하다 / 그만두다	무엇이든 간단하게 포기해서는 안됩니다.

Section 3

831	きんちょう〈する〉	きのうの スピーチは とても きんちょうしました。
명	긴장 < 하다 >	어제 스피치는 몹시 긴장했습니다.
832	はずかしい	かんたんな 漢字が 読めなくて、はずかしいです。
イ형	부끄럽다 / 창피하다	간단한 한자를 읽지 못해서 부끄럽습니다.
833	びっくり〈する〉	A「田中さんの 家に 1000万円の 皿が あるそうですよ。」 B「えー、それは びっくりですね。」
명	놀람 < 하다 >	A "다나카씨 집에 1000 만엔짜리 접시가 있다는데요" B "정말? 그건 놀랍네요"
834	おどろく	夜中に 道で 大きな 声が して、おどろきました。
동	놀라다	밤 중에 길에서 큰 목소리가 나서 놀랐습니다.
835	怒る	父は 怒ると、顔が 赤く なります。
동	화나다	아버지는 화가나면 얼굴이 빨개집니다.
836	気分	早起きした 日は 気分が いいです。
명	기분	일찍 일어난 날은 기분이 좋습니다.
837	気分が悪い	けさから 気分が 悪いです。
イ형	기분이 나쁘다	오늘 아침부터 컨디션이 안좋습니다.

👍 몸이 좋지 않거나 좋지 않을 일 또는 불안정한 일이 발생한 경우에 사용한다.

838	心	体も 心も けんこうです。
명	마음	몸도 마음도 건강합니다.

➕ 心から~ ~마음으로부터

839	**ストレス**	<u>ストレス</u>が ない 人は いません。
명	스트레스	스트레스가 없는 사람은 없습니다.
840	**ホームシック**	ときどき <u>ホームシック</u>で 泣いて います。
명	향수병	가끔 향수병으로 울고 있습니다.

Section 4

부사도 외우자! ①

副詞（ふくし）もおぼえよう！①

841	かならず	宿題を 明日 かならず 持ってきて ください。
부	반드시	숙제를 내일 반드시 가지고 오십시오.
842	きっと	がんばれば、きっと 合格できる でしょう。
부	꼭 / 반드시	노력하면 꼭 합격할 수 있을 겁니다.
843	しっかり［と］〈する〉	ポスターを しっかり はって ください。
부	단단하게 / 튼튼하게 〈하다〉	포스터를 단단히 붙여주십시오.
844	きちんと〈する〉	本は 本だなに きちんと 返して ください。
부	정확하게〈하다〉	책은 책꽂이에 정확하게 반납해 주십시오.
845	ちゃんと〈する〉	トイレを 出たら、ちゃんと 電気を 消しましょう。
부	확실하게〈하다〉	화장실을 나오면 확실히 전기를 꺼 주십시오.

👉 주로 대화에서 사용된다.

846	ぜったい［に］	明日の 試合は ぜったいに 勝ちたいです。
부	반드시 / 절대［로］	내일 시합은 반드시 이기고 싶습니다.
847	ぜひ	日本へ 来るときは ぜひ 私に れんらくして ください。
부	부디 / 제발 / 꼭	일본에 올 때는 부디 저에게 연락주십시오.

848	できるだけ	台風が 来ますから、できるだけ 早く 帰りましょう。
부	가능한 한	태풍이 오니까 가능한 한 빨리 돌아갑시다.

= なるべく

849	はっきり［と］〈する〉	晴れた 日は 富士山が はっきり 見えます。
부	명확하게 < 하다 >	맑은 날에는 후지산이 선명하게 보입니다.

850	ずいぶん［と］	ずいぶん 日本語が 上手に なりましたね。
부	대단히 / 아주 / 상당히	상당히 일본어가 유창해졌군요.

851	かなり	あの フランス料理の 店は かなり 高そうです。
부	제법 / 상당히 / 꽤	저 프랑스요리 가게는 꽤 비싸다고 합니다.

852	だいぶ	日本人の 考え方が だいぶ わかって きました。
부	상당히 / 어지간히	일본인의 사고방식을 상당히 알 수 있게 되었습니다.

853	もっと	もっと がんばらないと、合格できませんよ。
부	더 / 더욱	더 노력하지 않으면 합격할 수 없어요.

854	だいたい	レポートは だいたい 終わりました。
부	대체로 / 거의 / 대략	리포트는 거의 끝났습니다.

855	たいてい	休みの 日は たいてい 家に います。
부	대개 / 대부분	쉬는 날은 대개 집에 있습니다.

Section 4

856	たまに	<u>たまに</u> 近所(きんじょ)の レストランへ 行(い)きます。
부	가끔	가끔 근처 레스토랑에 갑니다.
857	ぜんぜん	日本語(にほんご)の ニュースが <u>ぜんぜん</u> わかりませんでした。
부	전혀	일본어 뉴스를 전혀 몰랐습니다.
858	けっして	この 絵(え)には <u>けっして</u> さわらないで ください。
부	결코 / 절대로	이 그림은 절대로 만지지 마십시오.
859	ちっとも	日本語(にほんご)の ニュースは <u>ちっとも</u> わかりません。
부	조금도	일본어 뉴스는 조금도 모릅니다.

👉 주로 대화에서 사용된다.

860	まだ	①この 辞書(じしょ)は <u>まだ</u> 使(つか)って います。 ②私(わたし)は <u>まだ</u> 昼(ひる)ごはんを 食(た)べて いません。
부	여태까지 / 아직	① 이 사전은 아직 사용하고 있습니다. ② 저는 아직 점심을 먹지 않았습니다.

👉 ① 아직 계속되고 있다 ② 아직

861	ほとんど	漢字(かんじ)を 勉強(べんきょう)したのに、<u>ほとんど</u> わすれました。
부	거의	한자를 공부했는데 거의 잊어버렸습니다.
862	なかなか	雪(ゆき)で バスが <u>なかなか</u> 来(き)ません。
부	상당히 / 좀처럼	눈 때문에 버스가 좀처럼 오지 않습니다.

Section 5

부사도 외우자! ②

副詞(ふくし)もおぼえよう！②

863	急(きゅう)に	午後 急に 空が 暗く なりました。
부	갑자기	오후에 갑자기 하늘이 어두워졌습니다.

864	しばらく	しばらく お待ちください。
부	잠시	잠시만 기다려 주십시오.

865	ずっと	① ずっと 日本へ 留学したいと 思って いました。 ② 妹は 私より ずっと 頭が いいです。
부	계속 / 훨씬	① 계속 일본에 유학하고 싶다고 생각했습니다. ② 여동생은 나보다 훨씬 머리가 좋습니다.

👍 ① 지금까지 쭉 ② 큰 차이를 찾기 위해 두 가지를 비교하는 것

866	そのまま	ぬいだ コートが そのまま 置いて あります。
부	(그냥) 그대로	벗은 코트가 그대로 놓여져 있습니다.

867	そろそろ	もう 9時ですから、そろそろ 帰ります。
부	슬슬	벌써 9시니까 슬슬 돌아가겠습니다.

868	とうとう	あの 二人は よく けんかしていましたが、とうとう 別れて しまいました。
부	드디어 / 결국 / 마침내	저 두 사람은 자주 싸웠는데 마침내 헤어지고 말았습니다.

869	やっと	結婚したい 人に やっと 会えました。
부	겨우 / 가까스로	결혼하고 싶은 사람을 겨우 만났습니다.

Section 5

870	たしか	明日の 会議は <u>たしか</u> 3時からだと 思います。
부	분명히 / 확실히 / 틀림없이	내일 회의는 분명히 3시부터라고 생각합니다.

➕ たしかに 분명히

871	どうも	兄は <u>どうも</u> うれしい ことが あった ようです。
부	어쩐지	형 / 오빠는 어쩐지 기쁜 일이 있었던 것 같습니다.

872	たとえば	お正月に アジア、<u>たとえば</u> タイに 行きたいです。
부	예를 들면	설날에 아시아, 예를 들면 태국에 가고 싶습니다.

873	直接	あなたから <u>直接</u> 彼女に 話して ください。
부	직접	당신이 직접 그녀에게 이야기해 주십시오.

➕ 直接的な 직접적인

874	特に	あまい物の 中で、<u>特に</u> ケーキが 大好きです。
부	특히	단 음식 중에서 특히 케이크를 아주 좋아합니다.

875	どんどん	留学生が <u>どんどん</u> ふえて います。
부	점점	유학생이 점점 늘고 있습니다.

876	なるほど	A「この 本は 練習問題も あって、いいですよ。」 B「<u>なるほど</u>。よさそうですね。」
부	그렇군요	A " 이 책은 연습문제도 있어서 좋아요." B " 그렇군요. 좋을 것 같네요."

👉 자신보다 사회적 지위가 높은 사람에게는 무례할 수 있으므로 사용하지 않도록 주의.

Chapter 7

877 はじめて
부 처음으로

先月 はじめて、北海道へ 行くことが できました。
지난 달에 처음으로 홋카이도에 갈 수 있었습니다.

878 はじめに
부 우선 / 먼저

はじめに にんじんを 細かく 切って ください。
우선 당근을 잘게 썰어주십시오.

879 もし
부 만약 / 혹시

もし 時間が あったら、ランチを しませんか。
혹시 시간이 있으면 점심을 먹지 않을래요?

880 もちろん
부 당연히 / 물론

結婚式に 招待されたら、もちろん 出席したいです。
결혼식에 초대되면 당연히 참석하고 싶습니다.

881 やはり
부 역시 / 결국

きのうの 試合は やはり Aチームが 勝ちましたね。
어제 시합은 역시 A 팀이 이겼네요.

= やっぱり (주로 대화에서 사용된다.)

882 実は
부 실은 / 사실은

実は 来月、帰国する ことに なりました。
실은 다음 달에 귀국하게 되었습니다.

👍 종종 문장 맨 앞에 위치하며 다른 사람에게 부탁할 때 사용된다. 「実は、おねがいが あるのですが……」

883 いかが
부 어떻게 / 어떻습니까

コーヒーは いかがですか。
커피는 어떠세요?

= どう

Section 5

👉 이 단어들은 종종 부사로 사용된다.

884	いっしょうけんめい〈な〉	毎日 いっしょうけんめい(に) 勉強しています。(ナ形)
명 ナ형	열심히	매일 열심히 공부하고 있습니다.
885	おおぜい	この 海は 有名で、人が おおぜい 来ます。
명	많은 / 많이	이 바다는 유명해서 사람이 많이 옵니다.

👉 사람에게만 사용한다. (**おおぜいのりんご**는 안된다.)

Section 6

접속사도 외우자!

接続詞（せつぞくし）もおぼえよう！

---

886 **だから**

子どもが 大好きです。
だから、ようち園の 先生に なりたいです。

접속 | 그래서

아이를 매우 좋아합니다.
그래서 유치원 선생님이 되고 싶습니다.

👉 A는 원인이고 B는 결과다.

---

887 **それで**

きのうは 熱が ありました。
それで、学校を 休みました。

접속 | 그래서

어제는 열이 있었습니다.
그래서 학교를 쉬었습니다.

👉 A는 원인이고 B는 결과다.

---

888 **または**

電話 または メールで れんらくして ください。

접속 | 또는

전화 또는 이메일로 연락해 주십시오.

👉 "A 또는 B"를 의미할 때 사용한다. 의문문에서는 「それとも」를 사용한다.

---

889 **それに**

連休は ホテル代が 高いです。
それに、どこも 人が 多いです。

접속 | 게다가 / 더욱이

연휴는 호텔비가 비쌉니다.
게다가 어디에도 사람이 많습니다.

👉 "A는 좋고 B는 더 좋다." 또는 "A는 나쁘고 B는 더 나쁘다."를 의미할 때 사용한다.

---

890 **そのうえ**

彼は ハンサムです。
そのうえ、とても お金持ちです。

접속 | 더구나 / 게다가

그는 잘생겼습니다.
게다가 아주 부자입니다.

👉 "A는 좋고 B는 더 좋다." 또는 "A는 나쁘고 B는 더 나쁘다."를 의미할 때 사용한다. 「それに」보다 강한 의미.

Section 6

891 すると

空が 急に 暗くなりました。
すると、大雨が 降って きました。

접속 그러자

하늘이 갑자기 어두워졌습니다.
그러자 큰 비가 내리기 시작했습니다.

👉 A가 발생하고 B가 발생했다는 것을 의미하는데 사용한다.

892 けれども

日本は 住みやすいです。
けれども、物価が 高いです。

접속 그렇지만

일본은 살기 편합니다.
그렇지만 물가가 비쌉니다.

👉 A가 사실이지만 상반되는 B또한 사실임을 표현할 때 사용된다.「けれど」와「けど」또한 똑같이 사용된다.

893 それなら

A「日本に 来たのは はじめてなんです。」
B「それなら、東京を 案内しますよ。」

접속 그렇다면 / 그러면

A " 일본에 온 것은 처음입니다."
B " 그렇다면 도쿄를 안내할게요."

👉 다른 사람의 이야기를 듣고서 조언을 해주거나 무언가를 결정할 때 사용된다. 가까운 가족과 친구에게는「じゃ」또는「それじゃ」가 사용된다.

894 ところで

A「きのうの 雨は すごかったですね。」
B「ええ。ところで、明日の 夜は
ひまですか。」

접속 그런데 /
그것은 그렇다 하고

A " 어제 비는 엄청났었네요."
B " 네. 그런데 내일 밤은 한가한가요?"

👉 대화의 이전 주제에서 다른 주제로 변경되었음을 나타낼 때 사용한다.

커뮤니케이션에 사용할 수 있는 말 ❷

Chapter 7

경어

▶ 공손한 말　ていねい語

「です」「あります」→ございます

こちらが Mサイズで ございます。
이쪽이 M 사이즈입니다.

この Tシャツには Sサイズから XLサイズまで ございます。
이 티셔츠는 S 사이즈부터 XL 사이즈까지 있습니다.

▶ **お(ご)＋名**

お金　お米　おはし　お酒　お茶
👉 이것들을 명사에 붙이면 더 공손하게 보인다.

お名前　ご住所　お宅　お仕事
👉 다른 사람에게 존경심을 나타낼 때 사용된다.

▶ 특별한 경어　とくべつな敬語

そんけい語 존경어		けんじょう語 겸양어
いらっしゃる 明日は ご自宅に いらっしゃいますか。 내일은 댁에 계십니까?	いる	**おる** 明日は 一日中 家に おります。 내일은 하루 종일 집에 있습니다.
なさる お休みの日は 何を なさいますか。 쉬는 날에는 무엇을 하십니까?	する	**いたす** そうじや せんたくを いたします。 청소와 세탁을 합니다.
いらっしゃる 夏休みは どちらへ いらっしゃいますか。 여름 휴가에는 어디에 가십니까?	行く/ 来る	**まいる** 家族と シンガポールへ まいります。 가족과 싱가포르에 갑니다.

おっしゃる お名前は なんと おっしゃいますか。 성함이 어떻게 되십니까?	言う	**もうす** 私は 田中と もうします。 저는 다나카라고 합니다.
めしあがる 日本の お酒を めしあがりますか。 일본 술을 드시겠습니까?	食べる /飲む	**いただく** はい、少し いただきます。 네 조금만 마시겠습니다.
ごらんになる 京都の 写真を ごらんに なりますか。 교토의 사진을 보시겠습니까?	見る	**はいけんする** この本を はいけんしても よろしいですか。 이 책을 보아도 괜찮을까요?
ごぞんじだ きのうの 事故を ごぞんじですか。 어제 사고를 알고 계십니까?	知って いる	**ぞんじている** はい、ぞんじて います。 네 알고 있습니다. ☞いいえ、ぞんじません。 아니오 모릅니다.
	会う	**お目にかかる** 先日 お父さまに お目に かかりました。 지난 번에 아버님을 뵈었습니다.
	聞く/ たずねる	**うかがう** ちょっとうかがいますが、駅へは どう行ったら いいですか。 잠깐 여쭙겠습니다만 역까지 어떻게 가면 되나요? 明日 午後 そちらに うかがいます。 내일 오후에 그쪽으로 찾아뵙겠습니다.

Chapter 7

남에게 주다 & 남에게 받다

人にあげる&人からもらう

そんけい語 존경어		けんじょう語 겸양어
	あげる	**さしあげる** 先生に おみやげを さしあげました。 선생님께 기념품을 드렸습니다.
	もらう	**いただく** ・先生に(から) カードを いただきました。 선생님께 카드를 받았습니다. ・先生に 本を 貸して いただきました。 선생님께 책을 빌렸습니다.
くださる ・先生が カードを くださいました。 선생님이 카드를 주셨습니다. ・先生が いろいろな 日本文化を 教えて くださいました。 선생님이 여러 가지 일본문화를 가르쳐 주셨습니다.	くれる	

157

▶ 존경어　そんけい語

• お～になる　ご～になる　　～＝Vます形
社長は 明日から アメリカへ お出かけに なる 予定です。
사장님은 내일부터 미국으로 출장가실 예정입니다.

👉 3그룹 동사의「Nする」동사는「ご～になる」가 된다.
部長は 今日の ミーティングに ご出席に なりますか。
부장님은 오늘 미팅에 참석하십니까?

• ～(ら)れる
今年の 夏休みは どこか 旅行に 行かれますか。
올해 여름휴가는 어딘가 여행을 가십니까?

Ⅰグループ：Vない形＋れる
Ⅱグループ：Vます形＋られる
Ⅲグループ：される、こられる

• お～ください　ご～ください
こちらで 少々 お待ち ください。
여기서 잠시 기다려 주십시오.

駅での おたばこは ごえんりょ ください。
역에서 담배는 삼가해 주십시오.
お＋Vます形＋ください
ご＋Vます形＋ください

Chapter 7

▶ 겸양어　けんじょう語

お~する　ご~する

ここから 駅まで 車で お送りします。
여기서 역까지 차로 모셔다 드리겠습니다.

明日 こちらから ごれんらくします。
내일 제가 연락드리겠습니다.

👉 스스로 하는 일들에는 사용할 수 없다.
ずっと ほしかった 本を、きのう お買いしました。×
계속 갖고 싶던 책을 어제 구입하셨습니다.

▶ 「わたし」？「わたくし」？

「私」는 「わたし」와 「わたくし」로 읽히지만 비즈니스와 격식있는 자리에서는 「わたくし」가 가장 일반적으로 사용된다.

50음 단어 색인

가나 읽기	단어	단어 No.

あ

あいさつ〈する〉	あいさつ〈する〉	235
あいず〈する〉	合図〈する〉	566
あいだ	間	414
あいて	相手	814
アイディア	アイディア	239
あう	合う	533
(じこに)あう	(事故に)あう	493
あおぞら	青空	421
あかちゃん	赤ちゃん	499
あがる	上がる	361
あき	秋	452
あきまつり	秋祭り	285
あきらめる	あきらめる	830
あく	開く	476
あく	空く	779
アクセサリー	アクセサリー	725
あける	開ける	477
あげる	上げる	105
あげる	あげる	539
あご	あご	660
あごひげ	あごひげ	661
あさい	あさい	766
あさねぼう〈する〉	朝ねぼう〈する〉	114
あじ	味	322
あじがする	味がする	322
あした	明日	17
あす	明日	17
あそびあいて	遊び相手	814
あたたまる	温まる	349
あたためる	温める	349
あつい	厚い	765
あつまる	集まる	632
あつめる	集める	632
あとかたづけ	あと片づけ	92
アニメ	アニメ	614
アパート	アパート	53
あぶない	危ない	497
アメリカせい	アメリカ製	387
あやまる	あやまる	550
あるまち	ある町	13
(でんわが)ある	(電話が)ある	809
あるく	歩く	635
あるくに	ある国	13
アルコール	アルコール	316
あるとき	あるとき	13
あるひ	ある日	13
あるひと	ある人	13
あんしん〈な/する〉	安心〈な/する〉	820
あんぜん〈な〉	安全〈な〉	496
あんぜんうんてん	安全運転	496
あんない〈する〉	案内〈する〉	538

い

い	胃	669
いか	以下	739
いがい	以外	741
いかが	いかが	883
いがく	医学	193
いがくぶ	医学部	190
いかだいがく	医科大学	193
いき	行き	502
いきかえり	行き帰り	503
いきる	生きる	712
いけ	池	449
いけない	いけない	609
いけん	意見	238
いじめ	いじめ	599
いじめる	いじめる	599
いじょう	以上	738
いそぐ	急ぐ	270
イタリアせい	イタリア製	387

いちじきこく〈する〉	一時帰国〈する〉	298
いちにちじゅう	一日中	528
いちねんじゅう	一年中	528
いつか	いつか	10
いっしょうけんめい〈な〉	いっしょうけんめい〈な〉	884
いつでも	いつでも	9
いっぱくふつか	1泊2日	301
いない	以内	740
いなか	いなか	407
いのり	祈り	822
いのる	祈る	822
いまにも	今にも	2
いやな	いやな	607
イラスト	イラスト	615
いりぐち	入り口（入口）	72
（おちゃを）いれる	（お茶を）入れる	351
[お] いわい	[お] 祝い	544
いわう	祝う	544
インスタントコーヒー	インスタントコーヒー	357
インスタントしょくひん	インスタント食品	357
インスタントラーメン	インスタントラーメン	357
インフルエンザ	インフルエンザ	692

う

ウイスキー	ウイスキー	316
うえる	植える	460
うかる	受かる	186
うけつけ	受付	232
うけつける	受け付ける	232
うける	受ける	185
うごかす	動かす	94
うごく	動く	95
（あじが）うすい	（味が）うすい	323
うすい(ほん)	うすい(本)	765
うそ	うそ	568
うそつき	うそつき	568
うちゅう	宇宙	443
うちゅうりょこう	宇宙旅行	443
うつくしい	美しい	751
うつす	うつす	63
うつる	うつる	64
うで	うで	666
うまい	うまい	753
うまくいく	うまくいく	264
うめ	うめ	454
うら	うら	165
うる	売る	383
うるさい	うるさい	595
うれしい	うれしい	816
うれる	売れる	383
うんてんしゅ	運転手	480
うんどう〈する〉	運動〈する〉	633
うんどうかい	運動会	633

え

エアコン	エアコン	104
えいかいわきょうしつ	英会話教室	626
えいぎょう〈する〉	営業〈する〉	234
えがお	笑顔	817
えきいん	駅員	274
えきまえ	駅前	390
えさ	えさ	134
えだ	枝	457
えはがき	絵はがき	305
えらい	えらい	181
えらぶ	えらぶ	380
エンジン	エンジン	505
えんりょ〈する〉	えんりょ〈する〉	551

お

おいわいする	お祝いする	544
おうえん〈する〉	おうえん〈する〉	648
おおきい	大きい	747
おおきな	大きな	747
おおぜい	おおぜい	885
オートバイ	オートバイ	465
おかげ	おかげ	547
おかげさまで	おかげさまで	547
おかしい	おかしい	700
おかず	おかず	356
おきゃくさん	お客さん	481

おきる	起きる	111
(じこが) おきる	(事故が) 起きる	792
おく	億	510
おくじょう	屋上	405
おくりもの	贈り物	543
おくる	贈る	542
おくれる	おくれる	804
おこさん	お子さん	40
おこす	起こす	112
おこなう	行う	641
おこる	怒る	835
(じこが)おこる	(事故が)起こる	792
おじ	おじ	44
おじいさん	おじいさん	41
おしいれ	押し入れ	82
おじさん	おじさん	44
おしらせ	お知らせ	565
(はんこを)おす	(はんこを)押す	251
おたく	お宅	66
おちる	落ちる	584
おっと	夫	35
おでこ	おでこ	659
おと	音	593
おとしだま	お年玉	288
おとしより	お年より	484
おとす	落とす	583
おととい	おととい	18
おととし	おととし	26
おとな	おとな	483
おどり	おどり	619
おどる	おどる	619
おどろく	おどろく	834
おば	おば	45
おばあさん	おばあさん	42
おばさん	おばさん	45
おみあいけっこん	お見合い結婚	564
おみあいパーティー	お見合いパーティー	562
おもいだす	思い出す	214
おもちゃ	おもちゃ	385
おもて	おもて	165
おやゆび	親指	673
おりる	降りる	469
おる	折る	459
おれい〈する〉	お礼〈する〉	549
おれる	折れる	458
(おかねを)おろす	(お金を)下ろす	382
おんがくか	音楽家	622
おんせん	温泉	403
おんど	温度	433
	か	
カーテン	カーテン	85
かいがい	海外	282
かいがいりょこう	海外旅行	282
かいがん	海岸	446
かいぎ〈する〉	会議〈する〉	236
かいぎしつ	会議室	236
かいぎちゅう	会議中	236
がいこく	外国	282
がいこくせい	外国製	387
がいこくりょこう	外国旅行	282
かいしゃいん	会社員	274
かいじょう	会場	650
かいとう	解答	158
ガイドブック	ガイドブック	278
かいものぶくろ	買い物ぶくろ	377
かいわ〈する〉	会話〈する〉	224
かう	飼う	52
かえり	帰り	503
かえる	変える	775
かがく	科学	192
かがく	化学	192
かがみ	かがみ	731
かかりいん	係員	369
(かぎが)かかる	(かぎが)かかる	74
(カレンダーが)かかる	(カレンダーが)かかる	102
かぐ	家具	87
かくえきていしゃ	各駅停車	462
がくせいわりびき	学生割引	363
かくにん〈する〉	かくにん〈する〉	211

がくぶ	学部	190
(かずを)かける	(数を)かける	225
(いすに)かける	(いすに)かける	103
(えを)かける	(絵を)かける	101
(かぎを)かける	(かぎを)かける	73
(しんぱいを)かける	(心配を)かける	49
かざる	かざる	99
かじ	家事	359
かじ	火事	791
かしゅ	歌手	622
ガス	ガス	79
かぜ	風	424
かぞえる	数える	370
ガソリン	ガソリン	504
ガソリンスタンド	ガソリンスタンド	504
かた	肩	665
かたい	かたい	755
かたち	形	736
かたづく	片づく	92
かたづけ	片づけ	92
かたづける	片づける	91
かたほう	片方	742
かちょう	課長	245
かつ	勝つ	645
がっかり〈する〉	がっかり〈する〉	829
かっこいい	かっこいい	732
カット〈する〉	カット〈する〉	730
カップラーメン	カップラーメン	357
かない	家内	36
かなしい	かなしい	823
かならず	かならず	841
かなり	かなり	851
かのじょ	彼女	572
かびん	花びん	96
かぶき	かぶき	618
かべ	かべ	75
かみ	髪	658
かみがた	髪型	728
かみなり	かみなり	428
かみのけ	髪の毛	658
かむ	かむ	327
ガムをかむ	ガムをかむ	327
かよう	通う	167
からから	からから	690
ガラス	ガラス	84
かれ	彼	571
かれら	彼ら	555
カレンダー	カレンダー	97
かわいい	かわいい	733
かわかす	かわかす	132
(タオルが)かわく	(タオルが)かわく	133
(のどが)かわく	(のどが)かわく	690
かわる	変わる	776
カン	カン	120
かんがえ	考え	208
かんがえかた	考え方	208
かんがえる	考える	208
かんけい	関係	576
かんごし	看護師	716
かんさいべん	関西弁	409
かんしゃ〈する〉	かんしゃ〈する〉	548
かんたんな	かんたんな	174
かんづめ	かんづめ	358
かんぱい〈する〉	かんぱい〈する〉	317
がんばって!	がんばって!	217
がんばる	がんばる	217
がんばれ!	がんばれ!	217
かんりにん	管理人	56

き

キーワード	キーワード	788
きえる	消える	110
きおん	気温	433
きかい	機会	815
きがつく	気がつく	552
きけん〈な〉	危険〈な〉	497
きこえる	聞こえる	778
きこく〈する〉	帰国〈する〉	298
ぎじゅつ	技術	253
きず	きず	698
きせつ	季節	452

きそく	規則	247
きたない	きたない	752
きちんと〈する〉	きちんと〈する〉	844
きつえん〈する〉	きつ煙〈する〉	410
きづく	気づく	552
キッチン	キッチン	77
きっと	きっと	842
きのうのばん	きのうの晩	19
きのうのよる	きのうの夜	19
きびしい	きびしい	179
きぶん	気分	836
きぶんがわるい	気分が悪い	837
きまる	決まる	248
きみ	きみ	573
きめる	決める	249
きもちがわるい	気持ちが悪い	702
きもの	着物	718
キャンセル〈する〉	キャンセル〈する〉	805
キャンディ	キャンディ	311
キャンプ〈する〉	キャンプ〈する〉	612
きゅうきゅうしゃ	救急車	714
きゅうけい〈する〉	休けい〈する〉	272
きゅうこう	急行	462
きゅうに	急に	863
きゅうりょう	給料	229
きゅうりょうび	給料日	229
きょういく〈する〉	教育〈する〉	152
きょういくがくぶ	教育学部	152
きょうかい	教会	397
きょうかしょ	教科書	162
きょうみ	きょうみ	630
きょか〈する〉	きょか〈する〉	250
きょく	曲	622
きれいな	きれいな	752
きれる	切れる	781
キロ	キロ	508
きをつける	気をつける	689
きんえん〈する〉	禁煙〈する〉	410
ぎんこういん	銀行員	274
きんじょ	近所	69
きんちょう〈する〉	きんちょう〈する〉	831

く

ぐあい	具合	701
くうき	空気	444
くうこう	空港	294
くさる	くさる	352
くすりゆび	くすり指	673
くちびる	くちびる	662
クッキー	クッキー	311
くつした	くつ下	719
くび	首	663
くみたてしき	組み立て式	89
くみたてる	組み立てる	89
くもり	くもり	423
くもる	くもる	423
くやくしょ	区役所	392
くらし	暮らし	143
クラシック	クラシック	623
くらす	暮らす	143
くらべる	比べる	435
クリーニング	クリーニング	130
くるま	車	464
くれる	くれる	540
くわしい	くわしい	756

け

けいかく〈する〉	計画〈する〉	280
けいけん〈する〉	経験〈する〉	303
けいざい	経済	511
けいさん〈する〉	計算〈する〉	368
けいたいでんわ	携帯電話	116
ケーキ	ケーキ	311
ケータイ	ケータイ	116
ゲーム	ゲーム	616
ゲームソフト	ゲームソフト	255
けが〈する〉	けが〈する〉	697
けしき	景色	284
けす	消す	109
けっこん〈する〉	結婚〈する〉	564
けっこんしき	結婚式	564
けっこんゆびわ	結婚指輪	722

けっして	けっして	858
けっせき〈する〉	欠席〈する〉	198
けれども	けれども	892
げんいん	原因	603
けんか〈する〉	けんか〈する〉	567
けんがく〈する〉	見学〈する〉	304
げんかん	げんかん	71
けんきゅう〈する〉	研究〈する〉	202
けんきゅうしつ	研究室	202
けんきゅうしゃ	研究者	202
けんきゅうじょ	研究所	202
けんこう〈な〉	けんこう〈な〉	682
けんこうしんだん	けんこう診断	682
けんどう	剣道	653
けんぶつ〈する〉	見物〈する〉	304
げんりょう	原料	515

こ

(あじが)こい	(味が)こい	324
こうがい	郊外	408
ごうかくする	合格する	186
こうがくぶ	工学部	190
こうぎ〈する〉	こうぎ〈する〉	196
こうこう	高校	147
こうこうせい	高校生	147
こうこうやきゅう	高校野球	655
こうじょう	工場	276
こうそく	校則	247
こうつう	交通	467
こうはい	こうはい	554
こうばん	交番	391
こうむいん	公務員	274
こうよう	紅葉	453
こえ	声	593
コース	コース	649
ゴール〈する〉	ゴール〈する〉	651
ゴールデンウィーク	ゴールデンウィーク	287
こくさい	国際	527
こくさいか	国際化	527
こくさいけっこん	国際結婚	527
こくさいでんわ	国際電話	527
こくない	国内	283
こくないりょこう	国内旅行	283
こころ	心	838
こころから〜	心から〜	838
こし	こし	670
こしょう	こしょう	319
こしょう〈する〉	故障〈する〉	500
こたえ	答え	158
こたえる	答える	158
ごちそう〈する〉	ごちそう〈する〉	315
ことり	小鳥	451
このあいだ	この間	7
このごろ	このごろ	5
コピーき	コピー機	128
こまかい	細かい	757
こまる	困る	579
ごみ	ごみ	118
ごみばこ	ごみ箱	118
こむ	こむ	472
[お]こめ	[お]米	354
こゆび	小指	673
こわい	怖い	758
こわす	こわす	585
こわれる	こわれる	585
こんげつ	今月	22
コンサート	コンサート	624
こんしゅう	今週	21
コンディショナー	コンディショナー	127
コンテスト	コンテスト	627
こんど	今度	8
こんばん	今晩	20
こんや	今夜	20
こんやく〈する〉	婚約〈する〉	563
こんやくゆびわ	婚約指輪	722

さ

さいきん	最近	6
さいご	最後	33
さいしょ	最初	31
さいちゅう	最中	32
さいふ	さいふ	366

ざいりょう	材料	332
サイン〈する〉	サイン〈する〉	372
さがす	さがす	379
さがる	下がる	361
さきに	先に	34
さく	咲く	455
さくぶん	作文	171
さくら	さくら	454
さげる	下げる	105
(かさを)さす	(かさを)さす	430
さそい	さそい	807
さそう	さそう	807
さっき	さっき	4
さどう	茶道	617
さびしい	さびしい	824
[お]さら	[お]皿	339
さらいげつ	再来月	24
さらいしゅう	再来週	23
さらいねん	再来年	25
サラダ	サラダ	310
サワー	サワー	316
さわぐ	さわぐ	594
さわる	さわる	600
さんか〈する〉	参加〈する〉	811
さんかしゃ	参加者	811
ざんぎょう〈する〉	残業〈する〉	268
さんせい〈する〉	さんせい〈する〉	535
サンダル	サンダル	723
さんぱくよっか	3泊4日	301
さんれんきゅう	3連休	287
	し	
じ	字	218
しあい	試合	638
しあわせ〈な〉	しあわせ〈な〉	818
しかた	しかた	262
しかる	しかる	50
しけん	試験	166
じこ	事故	492
じこくひょう	時こく表	279
じこしょうかい〈する〉	自己紹介〈する〉	532

ししゃ	支社	244
じしょ	辞書	209
じしん	地震	436
じだい	時代	526
したぎ	下着	720
じたく	自宅	65
したく〈する〉	したく〈する〉	293
しっかり[と]〈する〉	しっかり[と]〈する〉	843
じっけん〈する〉	実験〈する〉	203
しつど	湿度	433
じつは	実は	882
しっぱい〈する〉	失敗〈する〉	652
しつもん〈する〉	質問〈する〉	157
してん	支店	244
じてん	辞典	209
じどうしゃ	自動車	464
しぬ	死ぬ	713
しばらく	しばらく	864
しま	島	445
しまる	閉まる	478
じむしょ	事務所	277
しめきり	しめ切り	201
しめきる	しめ切る	201
しめる	閉める	479
しやくしょ	市役所	392
しゃちょう	社長	245
しゃちょうしつ	社長室	245
じゃま〈な/する〉	じゃま〈な/する〉	570
シャンプー〈する〉	シャンプー〈する〉	127
じゆう〈な〉	自由〈な〉	745
しゅうかん	習慣	144
じゅうしょ	住所	57
じゅうどう	柔道	653
じゅうぶんな	じゅうぶんな	750
しゅうまつ	週末	30
じゅぎょう	授業	154
じゅく	じゅく	215
しゅしょう	首相	519
しゅじん	主人	35
しゅっせき〈する〉	出席〈する〉	197

しゅっちょう〈する〉	出張〈する〉	241
しゅっぱつ〈する〉	出発〈する〉	296
しゅっぱつロビー	出発ロビー	296
じゅんび〈する〉	準備〈する〉	293
しょうかい〈する〉	紹介〈する〉	532
しょうがくせい	小学生	145
[お]しょうがつ	[お]正月	288
しょうがっこう	小学校	145
しようきんし	使用禁止	411
じょうずな	上手な	753
しょうせつ	小説	625
しょうせつか	小説家	625
しょうたい〈する〉	招待〈する〉	68
しょうたいじょう	招待状	68
じょうぶな	じょうぶな	683
じょうほう	情報	786
じょうほうばんぐみ	情報番組	786
しょうゆ	しょうゆ	319
しょうらい	しょうらい	11
ショート（ヘア）	ショート（ヘア）	728
ジョギング〈する〉	ジョギング〈する〉	636
しょくじ〈する〉	食事〈する〉	810
しょくりょうひん	食料品	384
じょしだいせい	女子大生	184
じょせい	女性	680
じょゆう	女優	621
しょるい	書類	256
しらせる	知らせる	565
しらべる	調べる	210
[お]しり	[お]しり	672
しりあい	知り合い	531
しりあう	知り合う	531
しりょう	資料	256
しろ	城	395
しんかんせん	新幹線	461
シングル	シングル	575
シングル（ベッド）	シングル（ベッド）	291
しんごう	信号	506
じんこう	人口	509
じんじゃ	神社	396
しんじる	信じる	821
しんせき	親せき	46
しんちょう	身長	678
しんにゅうせい	新入生	150
しんねんかい	新年会	273
しんぱい〈する〉	心配〈な/する〉	827
しんぶんしゃ	新聞社	782
しんゆう	親友	553

す

すいえい	水泳	654
すいどう	水道	78
ずいぶん[と]	ずいぶん[と]	850
すうがく	数学	159
スーツ	スーツ	717
スキーじょう	スキー場	402
すぎる	すぎる	475
すく	すく	473
（おなかが）すく	（おなかが）すく	691
スケジュール	スケジュール	240
すごい	すごい	759
すごす	すごす	302
すすむ	進む	485
スタート〈する〉	スタート〈する〉	651
ずっと	ずっと	865
ステーキ	ステーキ	308
すてる	すてる	353
ストレス	ストレス	839
すばらしい	すばらしい	760
スピーチ〈する〉	スピーチ〈する〉	797
スピーチコンテスト	スピーチコンテスト	797
スピーチたいかい	スピーチ大会	797
すべる	すべる	495
スポーツクラブ	スポーツクラブ	657
スポーツジム	スポーツジム	657
スポーツタオル	スポーツタオル	131
スポーツばんぐみ	スポーツ番組	784
スマホ（スマートフォン）	スマホ（スマートフォン）	116
すみ	すみ	86
すもう	すもう	653

すると	すると	891
すわる	座る	103

せ

せいかつ〈する〉	生活〈する〉	142
せいかつしゅうかん	生活習慣	144
せいき	世紀	525
せいこう〈する〉	成功〈する〉	265
せいじ	政治	518
せいじか	政治家	518
せいせき	せいせき	168
せいと	生徒	153
せいり〈する〉	整理〈する〉	93
せいりせいとん	整理せいとん	93
セール	セール	362
せかいいさん	世界遺産	524
せかいし	世界史	160
せかいじゅう	世界中	528
せかいちず	世界地図	161
せき	席	482
せきゆ	石油	516
せっけん	せっけん	126
ぜったい[に]	ぜったい[に]	846
せつび	せつび	182
せつめい〈する〉	説明〈する〉	222
せなか	背中	668
ぜひ	ぜひ	847
せわ〈する〉	世話〈する〉	135
せわになる	世話になる	135
せんしゅ	選手	643
ぜんぜん	ぜんぜん	857
せんそう	戦争	522
せんたくき	せんたく機	128
せんたくもの	せんたく物	129
せんぱい	せんぱい	554
せんもん	専門	191
せんもんがっこう	専門学校	149

そ

そうさ〈する〉	そうさ〈する〉	490
そうしき	そう式	713
そうだん〈する〉	相談〈する〉	534
そうだんあいて	相談相手	814
ソース	ソース	320
そつぎょう〈する〉	卒業〈する〉	151
そつぎょうしき	卒業式	151
そつぎょうせい	卒業生	151
そつぎょうろんぶん	卒業論文	200
ソックス	ソックス	719
そのうえ	そのうえ	890
そのまま	そのまま	866
そふ	祖父	41
ソフト	ソフト	255
そぼ	祖母	42
そら	空	439
それで	それで	887
それなら	それなら	893
それに	それに	889
そろそろ	そろそろ	867

た

たいいん〈する〉	退院〈する〉	710
ダイエット〈する〉	ダイエット〈する〉	687
たいおんけい	体温計	695
たいかい	大会	639
だいがくいんせい	大学院生	184
だいがくせい	大学生	184
だいがくにゅうし	大学入試	166
だいじな	大事な	577
たいじゅう	体重	679
たいじゅうけい	体重計	679
だいたい	だいたい	854
たいてい	たいてい	855
だいとうりょう	大統領	520
だいどころ	台所	77
だいぶ	だいぶ	852
たいふう	台風	427
たいよう	太陽	438
たいりょく	体力	677
たおす	倒す	703
タオル	タオル	131
たおれる	倒れる	703
だから	だから	886

たくはいびん	宅配便	137
たしか	たしか	870
たしかに	たしかに	870
たしかめる	たしかめる	211
たす	足す	225
だす	出す	123
たずねる	たずねる	417
たずねる	訪ねる	537
タダ	タダ	364
ただしい	正しい	761
たたみ	たたみ	81
たちいりきんし	立入禁止	411
たつ	建つ	59
たつ	立つ	61
たったいま	たった今	1
たてる	建てる	58
たてる	立てる	60
たとえば	たとえば	872
たな	たな	88
たのしみ〈な〉	楽しみ〈な〉	629
たのしむ	楽しむ	628
たのむ	たのむ	266
ダブル（ベッド）	ダブル（ベッド）	291
たべほうだい	食べ放題	313
たまに	たまに	856
だめな	だめな	608
たりる	足りる	373
たりない	足りない	750
たんじょうかい	たんじょう会	273
ダンス〈する〉	ダンス〈する〉	619
だんせい	男性	681
だんぼう	暖房	104

ち		
ち	血	676
ちいさい	小さい	748
ちいさな	小さな	748
チーム	チーム	644
チェック〈する〉	チェック〈する〉	176
ちか	地下	406
ちがい	ちがい	774
ちがう	ちがう	774
ちかく	近く	281
ちから	力	677
ちきゅう	地球	443
ちこく〈する〉	ちこく〈する〉	252
ちっとも	ちっとも	859
チャレンジ〈する〉	チャレンジ〈する〉	331
ちゃわん	ちゃわん	340
チャンス	チャンス	815
ちゃんと〈する〉	ちゃんと〈する〉	845
ちゅうい〈する〉	注意〈する〉	498
ちゅうがくせい	中学生	146
ちゅうがっこう	中学校	146
ちゅうし〈する〉	中止〈する〉	642
ちゅうしゃ〈する〉	駐車〈する〉	404
ちゅうしゃきんし	駐車禁止	404
ちゅうしゃじょう	駐車場	404
ちゅうび	中火	344
ちゅうもん〈する〉	注文〈する〉	314
ちょうし	調子	699
ちょうどいい	ちょうどいい	734
ちょきん〈する〉	貯金〈する〉	231
ちょきんばこ	貯金箱	231
ちょくせつ	直接	873
ちょくせつてきな	直接的な	873
ちり	地理	161

つ		
ツイン（ベッド）	ツイン（ベッド）	291
つうやく〈する〉	通訳〈する〉	260
つかう	使う	468
つかまえる	つかまえる	598
つき	月	440
つきあい	付き合い	559
つきあう	付き合う	559
（テレビが）つく	（テレビが）つく	108
（よごれが）つく	（よごれが）つく	321
（しょうゆを）つける	（しょうゆを）つける	321
（でんきを）つける	（電気を）つける	107
つごう	都合	812
つたえる	伝える	790

つづく	つづく	798
つづける	つづける	799
つつむ	包む	381
つとめる	つとめる	228
つなみ	津波	437
つま	妻	36
つまらない	つまらない	828
つめ	つめ	674
つよび	強火	344
[お] つり	[お] つり	374
つり	つり	610
つる	つる	610
つれていく	連れて行く	560
つれてくる	連れて来る	561

て

ていねいな	ていねいな	746
データ	データ	787
デート〈する〉	デート〈する〉	558
テキスト	テキスト	162
(ビルが)できる	(ビルが)できる	419
(べんきょうが)できる	(勉強が)できる	172
できるだけ	できるだけ	848
でぐち	出口	72
テスト	テスト	166
テストちゅう	テスト中	227
てつだい	手伝い	267
てつだう	手伝う	267
てぶくろ	手ぶくろ	721
てら	寺	396
でる	出る	124
(がっこうを)でる	(学校を)出る	151
テレビきょく	テレビ局	783
てん	点	169
てんいん	店員	369
てんきよほう	天気予報	420
でんげん	電源	106
でんしじしょ	電子辞書	209
てんすう	点数	169
てんらんかい	てんらん会	400

でんわちゅう	電話中	227

と

どう	どう	883
どうぐ	道具	336
とうちゃく〈する〉	到着〈する〉	297
とうちゃくロビー	到着ロビー	297
とうとう	とうとう	868
どうぶつえん	動物園	399
とうほくべん	東北弁	409
どうも	どうも	871
とおく	遠く	281
とおり	通り	412
とおる	通る	474
どくしん	独身	575
とくに	特に	874
とくべつな	特別な	578
ところ	ところ	389
ところで	ところで	894
とざん〈する〉	登山〈する〉	611
とじる	閉じる	163
とちゅう	とちゅう	501
どちらも	どちらも	742
とっきゅう	特急	462
とどく	とどく	138
とどける	とどける	139
とまる	泊まる	301
とまる	止まる	488
とめる	止める	487
ドライバー	ドライバー	480
ドライブ	ドライブ	480
ドラマ	ドラマ	620
とり	鳥	451
とりかえる	取りかえる	378
どろぼう	どろぼう	596
どんどん	どんどん	875

な

なおす	直す	586
なおす	治す	707
なおる	治る	708
なおる	直る	586

なかなか	なかなか	862
なかゆび	中指	673
なく	泣く	825
なくす	なくす	582
なくなる	なくなる	581
なくなる	亡くなる	713
なげる	投げる	656
なつ	夏	452
なつまつり	夏祭り	285
なべ	なべ	337
なまごみ	生ごみ	118
なまほうそう	生放送	789
なみ	波	432
なみだ	なみだ	826
ならぶ	並ぶ	342
ならべる	並べる	343
なる	鳴る	117
(よこに)なる	(よこに)なる	705
なるべく	なるべく	848
なるほど	なるほど	876
なれる	慣れる	263

に

におい	におい	326
にがい	にがい	325
にぎやか〈な〉	にぎやか〈な〉	595
にげる	にげる	606
にじかい	二次会	273
にせもの	にせ物	388
にっき	日記	140
にはくみっか	2泊3日	301
にほんし	日本史	160
にほんじゅう	日本中	528
にほんせい	日本製	387
にほんぶんがく	日本文学	194
にほんりょうり	日本料理	306
にゅういん〈する〉	入院〈する〉	709
にゅうがく〈する〉	入学〈する〉	150
にゅうがくしき	入学式	150
にゅうがくしけん	入学試験	166
ニュースばんぐみ	ニュース番組	784
にゅうりょく〈する〉	入力〈する〉	258
にる	似る	48
にんき	人気	557
にんきもの	人気者	557
にんぎょう	人形	385

ぬ

ぬすむ	ぬすむ	597
ぬらす	ぬらす	431
ぬる	ぬる	706
ぬれる	ぬれる	431

ね

ねだん	ねだん	360
ねつ	熱	694
ねっしんな	熱心な	177
ネットニュース	ネットニュース	785
ねぼう〈する〉	ねぼう〈する〉	114
ねむい	眠い	768
ねむる	ねむる	141

の

のこす	残す	329
のこる	残る	330
のど	のど	664
のばす	伸ばす	637
のびる	伸びる	637
のみかい	飲み会	273
のみほうだい	飲み放題	313
のりかえ	乗りかえ	470
のりかかる	乗りかえる	470
のる	乗る	469

は

は	葉	456
バーゲン	バーゲン	362
バーゲンセール	バーゲンセール	362
パーマ	パーマ	728
ばい	倍	737
バイク	バイク	465
はいしゃ	歯医者	715
はいゆう	俳優	621
(がっこうに)はいる	(学校に)入る	150
はがき	はがき	305

はかる	はかる	334
はこぶ	運ぶ	489
はじまる	始まる	155
はじめて	はじめて	877
はじめに	はじめに	878
はじめる	始める	156
ばしょ	場所	389
はしる	走る	634
はずかしい	はずかしい	832
はずす	はずす	780
バスタオル	バスタオル	131
バスてい	バス停	393
はずれる	はずれる	780
パソコン	パソコン	254
はたらく	働く	228
ばつ	ばつ	170
はつおん〈する〉	発音〈する〉	223
はっきり[と]〈する〉	はっきり[と]〈する〉	849
はっけん〈する〉	発見〈する〉	793
はっぱ	葉っぱ	456
はっぴょう〈する〉	発表〈する〉	796
パトカー	パトカー	714
はなし	話	224
はなしあいて	話し相手	814
はなす	話す	224
はなび	花火	286
はなびたいかい	花火大会	286
[お]はなみ	[お]花見	454
はみがき〈する〉	歯みがき〈する〉	115
はやおき〈する〉	早起き〈する〉	113
はやし	林	447
はらう	払う	371
はる	はる	100
はる	春	452
はれ	晴れ	422
はれる	晴れる	422
ばんぐみ	番組	784
はんたい〈する〉	反対〈する〉	536
ハンバーガー	ハンバーガー	309
ハンバーグ	ハンバーグ	309
パンフレット	パンフレット	386
はんぶん	半分	333

ひ

ひ	火	344
ピアノきょうしつ	ピアノ教室	626
ひえる	冷える	434
ひかり	光	442
ひかる	光る	442
ひきだし	引き出し	90
ひく	引く	225
かぜをひく	かぜをひく	693
ひげ	ひげ	661
ひざ	ひざ	671
ひじ	ひじ	667
びじゅつかん	美術館	400
ひじょうぐち	非常口	605
ひじょうじ	非常時	605
ひたい	ひたい	659
ビタミン	ビタミン	684
ビタミンエー	ビタミンA	684
ビタミンシー	ビタミンC	684
ひだりがわ	左側	413
びっくり〈する〉	びっくり〈する〉	833
ひっこし〈する〉	ひっこし〈する〉	62
ひっこす	ひっこす	62
ひつよう〈な〉	ひつよう〈な〉	207
ひどい	ひどい	762
ひとさしゆび	人さし指	673
ビニールぶくろ	ビニールぶくろ	377
ひま〈な〉	ひま〈な〉	743
ひも	ひも	727
ひゃくじゅうきゅうばん	１１９番	604
ひゃくとおばん	１１０番	604
ひやす	冷やす	350
びよういん	美容院	729
ひらく	開く	163
ひるま	昼間	14
ひるやすみ	昼休み	271
ひろば	広場	394
びん	びん	119

	ふ	
ファイル	ファイル	257
ブーツ	ブーツ	723
ふえる	ふえる	770
ふかい	ふかい	767
ふく	吹く	425
ふくざつな	ふくざつな	206
ふくしゅう〈する〉	復習〈する〉	213
ふくろ	ふくろ	377
ふた	ふた	338
ぶちょう	部長	245
ふつう（な）	ふつう（な）	744
ぶっか	物価	517
ぶつかる	ぶつかる	494
ふとい	太い	763
ふとる	太る	685
ふとん	ふとん	83
ふなびん	船便	466
ふね	船	466
ふむ	ふむ	601
ふやす	ふやす	771
ふゆ	冬	452
フライパン	フライパン	337
ふりがな	ふりがな	219
プリント	プリント	164
プレゼント	プレゼント	543
プレゼントする	プレゼントする	542
プロやきゅう	プロ野球	655
フロント	フロント	300
ぶん	文	171
ぶんか	文化	523
ぶんがく	文学	194
ぶんがくぶ	文学部	194
ぶんぽう	文法	221
	へ	
ヘアスタイル	ヘアスタイル	728
へいじつ	平日	30
へいわ〈な〉	平和〈な〉	521
ぺこぺこ	ぺこぺこ	691
ペット	ペット	47
ペットショップ	ペットショップ	47
ペットボトル	ペットボトル	121
ベビーカー	ベビーカー	499
ベビーふく	ベビー服	499
へらす	へらす	773
へる	へる	772
ベル	ベル	183
べんきょうちゅう	勉強中	227
べんごし	弁護士	275
へんじ〈する〉	返事〈する〉	530
[お]べんとう	[お]べんとう	355
へんな	へんな	749
(ちょうしが)へんな	(調子が)へんな	700
	ほ	
ほいくえん	保育園	148
ぼうえき〈する〉	貿易〈する〉	512
ほうげん	方言	409
ほうそう〈する〉	放送〈する〉	789
ぼうねんかい	忘年会	273
ほうほう	方法	261
ほうもん〈する〉	訪問〈する〉	67
ほうりつ	ほうりつ	195
ボーナス	ボーナス	230
ホームシック	ホームシック	840
ぼく	ぼく	574
ポケット	ポケット	726
ほけんしょう	保険証	704
ほし	星	441
ポスター	ポスター	98
ほそい	細い	764
ほとんど	ほとんど	861
ほね	骨	675
ほめる	ほめる	51
ボランティア	ボランティア	205
ほんしゃ	本社	244
ほんだな	本だな	88
ほんてん	本店	244
ほんもの	本物	388
ほんやく〈する〉	ほんやく〈する〉	259
ほんやくか	ほんやく家	259

173

	ま	
まいしゅう	毎週	27
まいつき	毎月	28
まいとし	毎年	29
まける	負ける	647
まご	まご	43
まじめな	まじめな	180
まぜる	まぜる	335
まだ	まだ	860
または	または	888
まちがい	まちがい	175
まちがう	まちがう	175
まちがえる	まちがえる	175
[お]まつり	[お]祭り	285
まとまる	まとまる	204
まとめる	まとめる	204
まにあう	間に合う	803
マフラー	マフラー	721
(やくそくを)まもる	(約束を)守る	801
まよなか	真夜中	16
まる	まる	170
まわす	回す	491
まわり	周り	70
まわる	回る	491
まんいん	満員	472
まんが	まんが	613
まんがか	まんが家	613
マンション	マンション	54
まんせき	満席	472
まんてん	満点	169
まんなか	真ん中	415
	み	
[お]みあい〈する〉	[お]見合い〈する〉	562
ミーティング	ミーティング	237
ミーティングちゅう	ミーティング中	237
ミーティングルーム	ミーティングルーム	237
みえる	見える	777
みがく	みがく	115
みぎがわ	右側	413
みずうみ	湖	448
みそ	みそ	319
みち	道	412
みつかる	見つかる	794
みつける	見つける	795
みなと	港	398
[お]みまい	[お]見まい	711
みらい	未来	11
みる	診る	704
みんな	みんな	556
	む	
むかう	向かう	486
むかし	むかし	12
むかしばなし	むかし話	12
むぎ	麦	354
むこう	向こう	416
むし	虫	450
むすこ	むすこ	38
むすめ	むすめ	39
むり〈な〉	むり〈な〉	269
むりする	むりする	269
むりょう	無料	364
	め	
めいし	名刺	233
メールアドレス	メールアドレス	529
めずらしい	めずらしい	769
メニュー	メニュー	312
メモ〈する〉	メモ〈する〉	220
	も	
もうしこみ	申し込み	290
もうしこむ	申し込む	290
もうすぐ	もうすぐ	3
もえないごみ	もえないごみ	125
もえる	もえる	125
もくてき	目的	188
もし	もし	879
もじ	文字	218
もちろん	もちろん	880
もっと	もっと	853
もどす	もどす	243
もどる	もどる	242

もみじ	紅葉	453
もらう	もらう	541
もり	森	447

や

やかん	やかん	347
やきゅう	野球	655
やく	焼く	345
やくそく〈する〉	約束〈する〉	800
やくにたつ	役に立つ	226
やけど〈する〉	やけど〈する〉	696
やける	焼ける	346
やこうバス	夜行バス	463
やさしい	易しい	173
やさしい	やさしい	178
やじるし	やじるし	507
やせる	やせる	686
やちん	家賃	55
やっと	やっと	869
やっぱり	やっぱり	881
やはり	やはり	881
やぶる	やぶる	588
(やくそくを)やぶる	(約束を)やぶる	802
やぶれる	やぶれる	587
やまのぼり	山登り	611
やむ	やむ	426
やめる	やめる	688
やりかた	やり方	262
やる	やる	216
やわらかい	やわらかい	754

ゆ

ゆうえんち	遊園地	401
ゆうがた	夕方	15
ゆうしょう〈する〉	優勝〈する〉	646
ゆうべ	ゆうべ	19
ゆうりょう	有料	365
ゆき	行き	502
ゆきかえり	行き帰り	503
ゆきまつり	雪祭り	285
ゆしゅつ〈する〉	ゆしゅつ〈する〉	513
ゆにゅう〈する〉	ゆにゅう〈する〉	514
ゆび	指	673
ゆびわ	指輪	722
ゆめ	ゆめ	189

よ

よう	酔う	318
ようい〈する〉	用意〈する〉	341
ようしつ	洋室	80
ようしょく	洋食	307
ようす	ようす	735
ようちえん	よう ち園	148
よくなる	よくなる	708
よごす	汚す	589
よごれ	汚れ	590
よごれる	汚れる	590
よしゅう〈する〉	予習〈する〉	212
よっぱらい	酔っぱらい	318
よっぱらう	酔っぱらう	318
よてい	予定	813
よていひょう	予定表	813
よなか	夜中	16
よみかた	読み方	219
よやく〈する〉	予約〈する〉	292
よる	寄る	418
よろこび	よろこび	546
よろこぶ	よろこぶ	546
よわび	弱火	344

ら

ライブ	ライブ	789
らくな	楽な	819
ラジオきょく	ラジオ局	783
ラッシュ	ラッシュ	471
ランチ	ランチ	271

り

りこん〈する〉	離婚〈する〉	564
リサイクル	リサイクル	122
リサイクルショップ	リサイクルショップ	122
りゆう	理由	602
りゅうがく〈する〉	留学〈する〉	187
りゅうがくせい	留学生	187
リュック	リュック	724

りょう	量	328
りよう〈する〉	利用〈する〉	468
りょうがえ〈する〉	両替〈する〉	295
りょうがえじょ	両替所	295
りょうしゅうしょ	りょうしゅう書	376
りょうしん	両親	37
りょうほう	両方	742
りょうりきょうしつ	料理教室	626
りょかん	旅館	299
りょこうがいしゃ	旅行会社	289
りょこうしゃ	旅行社	289
リンス	リンス	127

る

ルール	ルール	246
るす	るす	136

れ

れいぼう	冷房	104
レインコート	レインコート	429
レインブーツ	レインブーツ	429
れきし	歴史	160
レジ	レジ	367
レシート	レシート	375
レポート	レポート	199
れんきゅう	連休	287
れんらく〈する〉	れんらく〈する〉	808

ろ

ろうか	ろう下	76
ろくおん〈する〉	録音〈する〉	631
ろくが〈する〉	録画〈する〉	631
ロケット	ロケット	443
ロング(ヘア)	ロング(ヘア)	728
ろんぶん	論文	200

わ

ワールドカップ	ワールドカップ	640
ワイン	ワイン	316
わかす	わかす	348
わかれる	別れる	569
わく	わく	348
わけ	わけ	806
わしつ	和室	80
わしょく	和食	306
わすれもの	わすれ物	580
わたす	わたす	545
わふう	和風	80
わふく	和服	80
わらいごえ	笑い声	817
わらう	笑う	817
わりびき	割引	363
わりびく	割り引く	363
わる	わる	591
(かずを)わる	(数を)わる	225
われる	われる	592

일본 유학은 HED 와 상담하세요.

1984 년부터 많은 스토리를 만들어 왔습니다.
각 분야의 전문 사이트 참조

한국유학개발원
www.hed.co.kr

일본대학교정보센터
www.univ-hed.co.kr

일본대학원정보센터
www.grad-hed.co.kr

일본전문학교정보센터
www.prof-hed.co.kr

일본중고등학교정보센터
www.high-hed.co.kr

홈스테이인재팬
www.homestay-in-japan.co.kr

〈 기타 개별 학교 사이트 〉

☐ 동경외어전문학교 : www.tflc.co.kr ☐ 메이케이학원고등학교 : www.meikeiheigh.co.kr
☐ 관서외어전문학교 : www.kansaicollege.co.kr ☐ 쇼린고등학교 : www.shorinhigh.co.kr
☐ 인터컬트일본어학교 : www.inter-cult.co.kr ☐ 센다이이쿠에이고 : www.sendai-high.co.kr
☐ 아크아카데미어학교 : www.arc-korea.co.kr ☐ 오사카 건국고등학교 : www.keongkuk.co.kr
☐ 중앙공학교부속어학교 : www.chuojalan.co.kr ☐ 코리아국제고등학교 : www.kiskorea.co.kr

〈 문의 / 접수 〉 HED 한국유학개발원 / 전화 : 02-552-1010 / 이메일 : hedc@hed.co.kr
주소 : 서울특별시 서초구 강남대로 381, 두산빌딩 709 호 (강남역 6 번 , 7 번 출구 사이)

일본유학, JLPT·EJU대책, 진학·취업지원
일본어교사양성, 기업연수, 취업소개, 교재출판

세계로의 다리, 질 높은 일본어교육
ARC アークアカデミー

ARC 그룹 1986년 창립

아크아카데미 신주쿠교 ARC도쿄일본어학교
ARC오사카일본어학교 ARC교토일본어학교
www.arc-k.co.kr (한국어)

한국연락사무소

HED 주식회사 해외교육사업단

서울특별시 서초구 강남대로 381, 두산 709호
전화 : 02-552-1010 / 팩스: 02-552-1062
홈페이지: www.hed.co.kr

<저자> 아크아카데미
1986년 창립. ARC 그룹교로서 ARC 도쿄일본어학교, 아크아카데미 신주쿠교, 오사카교, 교토교, 베트남교가 있다. 일본어교사양성과의 졸업생도 1만명을 넘어, 일본어를 통하여 사회공헌할 수 있는 인재육성을 목표로 하고 있다.

감수 엔도 유미코
와세다대학대학원 일본어교육연구과 석사과정 수료
아크아카데미 신주쿠교 교장

집필 야마다 미쓰코
릿쿄대학문학부 교육학과 졸업
ARC 도쿄일본어학교 강사

협력 세키 리키
ARC 도쿄일본어학교 전임강사

합격필승 일본어능력시험 N4 단어장 1500

발   행   일 : 2020년 12월 01일(초판)
저   자 : 아크아카데미
발   행   인 : 송 부 영
발   행   처 : (주)해외교육사업단
출 판 등 록 : 제16-1456호
주   소 : 서울특별시 서초구 강남대로 381, (두산709호)
전   화 : 02-736-1010
이   메   일 : song@hed.co.kr
홈 페 이 지 : www.hedgroup.co.kr

*본사에서는 소중한원고, 새로운 기획의 제안을 기다리고 있습니다.
*이 책은 저작권법에 의해 보호를 받는 저작물이므로 무단 전재와 복제를 금합니다.
*잘못된 책은 구입하신 서점이나 본사에서 교환해드립니다.
ⓒARC ACADEMY Japanese Language School 2016
Originally Published in Japan by Ask Publishing Co., Ltd., Tokyo